大展好書　好書大展
品嘗好書　冠群可期

大展好書　好書大展
品嘗好書　冠群可期

老拳譜新編33

忍術及氣合術

忍術研究會 編撰

大展出版社有限公司

策劃人語

本叢書重新編排的目的，旨在供各界武術愛好者鑑賞、研習和參考，以達弘揚國術，保存國粹，俾後學者不失真傳而已。

原書大多為中華民國時期的刊本，作者皆為各武術學派的嫡系傳人。他們遵從前人苦心孤詣遺留之術，恐久而湮沒，故集數十年習武之心得，公之於世。叢書內容豐富，樹義精當，文字淺顯，解釋詳明，並且附有動作圖片，實乃學習者空前之佳本。

原書有一些塗抹之處，並不完全正確，恐為收藏者之筆墨。因為著墨甚深，不易恢復原狀，並且尚有部分參考價值，故暫存其舊。另有個別字，疑為錯誤，因存其真，未敢遽改。我們只對有些顯著的錯誤之處做了一些修改的工作；對缺少目錄和編排不當的部分原版本，我們根據內容進行了加工、調整，使其更具合理性和可讀性。有個別原始版本，由於出版時間較早，保存時間長，存在殘頁和短頁的現象，雖經多方努力，仍沒有辦法補全，所幸者，就全書的整體而言，其收藏、參考、學習價值並沒有受到太大的影響。希望有收藏完整者鼎力補全，以裨益當世和後學，使我中華優秀傳統文化傳承不息。

為了更加方便廣大武術愛好者對老拳譜叢書的研究和閱讀，我們對叢書做了一些改進，並根據現代人的閱讀習慣，嘗試著做了斷句，以便於對照閱讀。

由於我們水準有限，失誤和疏漏之處在所難免，敬請讀者予以諒解。

原名武士道之祕訣忍術及氣合術

劍客拔術

五遁隱身術及丹田術

附人心觀破術

序

世上的人們，看見了因為精神作用，發生的現象，非常稀奇，便以為全是怪異的事情；看見了魔術家的戲法，也以為是不可思議的法術。

催眠術的精神作用，日本的魔術大家天勝，早已有奇妙不可思議的表演了，看見魔術以為奇怪，是因為不明白其中的道理，其實魔術並不是妖術。

忍術能呼雲起霧，隱身遁形，利用蛇鼠蝦蟆，使別人目眩心駭；這種忍術，是日本的從古以來，流傳的秘法；普通的人，聽見這種秘密奇妙的法術，以為是不容易學習的；其實此術很容易學習，就是兒童，也能完全學會。本書的法術，雖是神秘的；然而一經指點，便容易明白。

又有若干人，以為學習忍術，難免損害；其實忍術決定不是危險的事情，毫無損害。現今世界的新聞記者，和偵探等，若欲探知別人的各種秘密事情，必須學習忍術；在今日生存競爭非常激烈的世界上，欲在社會中活動，必須利用學術，臨機應變，藉以建立偉大的功勳；忍術是成功的利器，各界諸君，若能學成此術，必可在經營事業的時候，得著許多幫助。

著者識

目次

劍客技術五遁隱身術及丹田術

原名武士道之秘訣忍術及氣合術　附人心觀破術

日本忍術研究會編
殷師竹譯

上卷　忍術

一、忍術之意義

從前的人，傳說有一種仙人，住在深山幽谷裏，完全和俗界脫離關係；使用忍術，能夠長生不老，有童顏鶴髮的狀態。

日本也有人傳說：從前有久米仙人、道方仙人，以及德川時代仍舊存在的猿飛佐助、霧隱才藏等高人。石川五右衛門，也能利用忍術，作大有能為的綠林豪客。

仙人是長生不老①的，或者這種仙人，直到現今，仍舊存在深山洞府，人跡罕到之處，也未可知。據前人說：「仙人住在山間，斷絕人間煙火食，專飲花草上的露水，能延長壽命，達到千歲以上。」

這種仙人，能自由自在的使用忍術。據古書上說：「曾有練習武術的人，走入深山之中，迷了道路，遇著仙人，學會忍術的事情。」

忍術並不難學，決定不是非仙人不能為的法術；就是年幼的兒童，只要得著秘訣，也能一學便會。忍術是簡單易學的；利用簡單易學的忍術，可以修道養生；修養成功了，必定能和猿飛佐助②一般，可以使用奇妙不可思議的忍術。

忍術又名隱身術；能隱藏自己的身形，不使別人看見，就是走入別人的家中，行在別人的眼前，別人也不能看見。施行此術之後，只有我看見別人，別人卻不能看見我，這便是隱身的奇術。

從前雖然有若干惡人，利用這種法術，做不善的事情；然而在現今的世界上，卻可利用這種奇妙之術，作軍事上的偵探，藉以察知敵兵陣勢的情狀；又可利用此術，作公安局的包探，藉以探知罪犯的秘密。

從前日本的德川幕府，曾經編成一種名為伊賀眾的隊伍，專門練習此術，以便供給戰時偵探之用。他們因為有這種法術，所以能得著種種的利益。因為德川幕府能利用此術，所以忍術的大名，便流傳於世；學習忍術的人，從此便逐漸增加了。

在德川幕府時代，會忍術的人，是把它當作神奇的法術，嚴守秘密，不肯輕易傳人；只有德川幕府中，有這種會忍術的人物；其餘的諸侯，若欲探知忍術的真相，卻不容易。

到了後來，此術的名聲漸大，流傳漸廣；濃州的大垣侯，也收留若干會忍術的人，組織成一個隊伍，住在栗屋町，名為栗屋團。這個栗屋團中間，善於使用忍術的人，卻也不少，其中有一個忍術最好的人，他能夠到別人的家中，當著別人取物，卻不使別人看見。

有一次，大垣侯因為要取得某諸侯的重要文書，藉以探知某諸侯的機密事情，便命那個忍術最好的人去取。

那個忍術最好的人，走到某諸侯的府門，通過門前的衛隊，搖搖擺擺的走進去，能使衛隊不能覺察。他走進府門，行入某諸侯的機密處；又用奇妙的方法，探知該重要文書的所在之處，把它竊取出來，獻給大垣侯。大垣侯得著這種重要文書之後，便能知道某諸侯的機密事情，得以成功。

【注釋】

①猿飛佐助：為日本於第二次大戰前由「立川文庫」出版的小說英雄。是真田十勇士之首。是一位居住在信濃鳥居山麓的鄉士鷲尾佐太夫之子。擅長使用忍術，為有名的忍者。

②校點者：「仙人長生不老」均為傳說，沒有科學依據，讀者切勿相信。

二、忍術之起源

日本盛行忍術的時期，是在戰國時代，群雄割據之秋。那個時候，各國的國君，互相仇視，各自爭雄，或是明槍交戰，或是陰謀暗算；天下大亂，盜賊紛起，於是甲賀郡便發生了一種能用忍術的綠林豪客。

甲賀郡在日本的伊賀國與近江國之間，四面有高山包圍著；地居衝要，形勢險惡；兩國的軍隊，時常搶奪該郡，以致該郡的土人，不能安居樂業，只得像鳥獸一般，如飛的逃到山谷中避難。這許多避難的土人，因為時常行走高山幽谷，便有的人練成縱跳如飛的技術，又有人發明了眩惑敵人眼目，善為秘密的本領。這種本領，也就是一種忍術。

從此以後，日本的忍術，便分為兩派：第一派是前邊說過的伊賀派，第二派是從甲賀郡流傳的甲賀派。

三、忍術之派別

忍術是秘傳的法術，和劍術、柔術、弓術等大不相同；日本的劍術、柔術、弓術等，全是教師招收徒弟，公開傳授的；至於忍術，乃是秘密的法術，教師卻不肯公開傳授。

在武術中間，本來有若干秘術；而這種忍術，卻又是秘術中的極秘密之術；其傳授的形式，和別種武術完全不同。有若干教師，多是很秘密的，把這種法術，傳給可靠的徒弟。

會這種法術的人，全是嚴守秘密，惟恐這種法術的秘密漏洩出來，以致被普通的人知道。因為這個緣故，所以在日本的書籍上，雖然常提著忍術的大名；但是，關於忍術的秘密技術，卻不記載出來。

忍術的派別，雖然很多；但是，傳到現今，最有名的派別，只有幾種如下：一、伊賀派；二、甲賀派；三、芥川派；四、根來派；五、那黑派；六、武田派；七、秋葉派等；在這幾派中間，甲賀派是善於用貓，伊賀派是長於用鼠。

四、兒童亦能學習之忍術

平常的人，聽見會用忍術的人，能做出種種神出鬼沒，不可思議的法術，便以為這種忍術，必然是一種仙法，決定不是平常的人所能學會的。

其實這種法術，在做出的事情看來，雖然很是奇妙不可思議；然而一經得著傳授，知道其中的秘密之後，便可知道：這種法術，也和普通的技術相同，並無特別的奇妙不可思議之處；並且學習這種法術的人，只要得著真傳，便不難學會；就是年幼的兒童，只要依法練習，也容易學成。

學成之後，便能忽然隱身，忽然現形，或如天馬行空，或似魔神作怪；不論是那一種不可思議的事情，全能依著忍術，實行出來。

在忍術的應用方面，可分兩種：

第一種是應用忍術，做種種壞事，這便是惡用忍術；

第二種是應用忍術，做種種好事，這便是善用忍術。

因為應用忍術能做壞事，所以會忍術的人，不肯輕易傳授，惟恐傳給惡人，使社會受著損害。

日本古時會忍術的人很多；有名的大森大覺，能衝過關門，不使看守關門的兵士看見；伊賀派中的名人荒木和右衛門，能藏身在一尺二寸的鐵扇之中；由比正雪①能走入敵兵的堅城之中，私探軍情。

從他們所做的事情方面看來，雖然是很奇妙神秘的；然而明白了忍術的秘密之後，便可知道：此等事情，全有理由，並不是奇妙神秘，不可思議的。

大森大覺所以能衝過關門，是因為他膽大心細，善於利用忍術。他曾經冒危險，經過二晝夜不睡，在深山幽谷裏行走。他把忍術練習得十分純熟所以能通過關門，使守關兵士不見其形。

荒木和右衛門，是劍術精通，又是善於使用忍術的人；所以他們能以鐵扇隱身，使敵人的眼目，受著眩惑。

由井正雪的私探敵城，是因為他心細膽大，巧用忍術，改變衣裝，在敵人的散兵之內，混入城中。

在從前知識很淺的人看來，固然以為他們所做的事情，全是不可思議的神怪事業；然而明白了忍術之後，便可知道：這種事情，是極平常的；只要用心練習，就是兒童，也能做出隱身現形，神出鬼沒的事情。

【注釋】

①由井正雪：亦稱由比正雪，是日本江戶時代初期的軍事學者。「慶安事件」的主謀者。

五、破壞忍術之時期

忍術是能自由自在使用的，卻似日本魔術大家，天勝的魔術一般，不論如何奇妙不可思議的事情，全能做到。教授忍術的事情，和盜賊教盜竊的方法相仿；教授這種法術，乃是很危險的事情；把這種不可思議的秘訣，公開傳授，實非安全之道。

因為防身自衛，而使用忍術，便是善用忍術；倘若因為要做壞事而使用忍術；那麼，惡用忍術，便要受著惡報。惡用忍術的人，到了惡貫滿盈之後，往往法術破壞，使用不靈，以致在使用忍術的時候，露出破綻，使己身受著傷害。

日本有名的義賊，石川五右衛門①，曾經惡用忍術，盜取秀吉的香爐。因為他惡用忍術，受著惡報，在使用忍術的時候，忽然露出破綻，以致被秀吉捉住，放入油鍋中煎死。這種故事，是在日本的書籍上，可以看見的。

原來人類不論善惡，總是有良心存在身體中間的；做壞事的人，雖然良心被惡念遮蔽；然而在為非做惡的時候，往往要良心忽然發現，心思不能專一，以致忍術露出破綻。欲使忍術不致破壞，必須先要使心思專一；不能使心思專一的人，決定不能善用忍術。

研究忍術的人，只要練習純熟，便能自由自在的使用；但是，不論練習得如何純熟，決定不可濫用惡用；倘若濫用惡用這種忍術；那麼，到了後來，必然要忍術破壞，自己受著惡報。

惡用忍術的人，反而要受忍術的損害；所以存心不良的人，還是以不學忍術為妙。至於存心善良的人，學會這種不可思議的法術，在不得已的時候，偶一使用，藉以防身自衛，確能逃避危險，戰勝敵人，獲得偉大的功勳。所以，會忍術的人，必須看明徒弟確是存心良善的人，方才肯秘密傳授。

【注釋】

①石川五右衛門：（一五五八～一五九四年）是日本劫富救貧的大盜，活躍在安土桃山時代。江戶時代創作的一些歌舞伎中有對其生平的敘述，但眾說紛紜。

六、學習忍術者之心得與秘訣

平常的人，以為忍術奇妙神秘，當然是很難學的。其實忍術雖然奇妙神秘，但是，得著忍術的秘訣之後，便不難學會。忍術的秘訣如下：

甲、頭腦訓練

子、必須有機智
丑、必須細心
寅、必須沈靜大膽
（以上：心的要素）

乙、身體訓練

子、必須輕捷活潑
丑、必須練習純熟
（以上：身體的要素）

機智是最重要的心的作用，做非常之事的人，往往要靠著機智，脫離危險，戰勝敵人。

日本古時的名人日吉丸，在年幼的時候，曾經被大盜鋒須賀擄去，當作義子；過了不多的時候，日吉丸不願作強盜的兒子，乘著機會，夜間從盜窟中逃了出來；逃了片刻，後面的許多盜匪已經追來；日吉丸是年幼的兒童，行走不快，將要被追兵追著；日吉丸卻心思非常靈敏，立刻想出急智，俯身拾起一塊石頭，投入道傍的井中，自己卻藏身在大樹之後。這個時候，強盜聽見了石投井中的聲音，當作是日吉丸被追情急，投井自盡，於是趕到井傍，提燈照看了半天，無法可施，當是日吉丸已經沈入井底溺死，只得回去。日吉丸看見強盜回身之後，方才很從容的逃出虎口。像這種心靈膽大的事情，就是從機智發生出來的。

人類的機智，乃是一種本能；就是年幼的兒童，也能利用機智，戰勝殺人不眨眼的大盜鋒須賀；可見人類不論強弱老幼，只要有機智，便能得著勝利。

這種機智，固然是天生的；心思靈敏的人，雖然平常沒有修養的功夫，也能利用機智；平常的人，即非加以修養的功夫，便不能在頃刻之間，做出利用機智的事情。

日吉丸是心思靈敏的兒童，他若學習忍術，必然容易成功。他在追兵將近的時候，仍舊心中毫不慌亂，一邊逃走，一邊察看道傍可以利用之物；看見道傍的井，便要利用此井，這就是他的細心之處。他投石於井之後，仍舊很鎮靜的藏在大樹之後，這就是他的膽大之處。他一邊逃走，一邊觀察天然物，一邊想計策，一邊俯身拾石，在頃刻之間，能做出隨機應變的種種事情，非但他心思是有機智，是心細膽大；並且他的身體，也是輕捷活潑，手法純熟。照著這樣看來，可見日吉丸的心身，是最合於學習忍術的了。

日本古時的名人，豐臣秀吉[1]，在年幼時期，已經能夠很巧妙的使用忍術。秀吉雖然善於使用忍術，卻不肯濫用；必須到了不得已的時候，方才隨機應變，人不知鬼不覺的使用出來；所以豐臣秀吉不用忍術便罷，用到忍術便能成功。他因為利用忍術，建了許多功勳，所以生為名人，死作正神，享受日本的豐國神社的祭祀，直到今日。

古時中國的賢人司馬溫公[2]，在年幼的時候，也曾做出一種大人不能做到的事情。

司馬溫公在幼年時候，有一天，和許多小朋友一同遊玩，忽然一個小朋友落在大水缸中，將要溺死，大呼救命；別的小孩只有嚇得啼哭逃走的，卻沒有想得出好方法的；惟有司馬溫公，卻忽然生出急智，取一塊石頭，把缸敲破，使水流出來；缸中的小朋友，因此得免溺死。這種事情，乃是中國很有名的故事。

別的兒童，見了這種意外的事情，便要恐怖驚愕，啼哭逃走，無法可施；惟有司馬溫公，年紀雖然只有六七歲，卻能想出投石破缸，使水流去的妙計；他不隨著別的小孩一同逃走，卻能救出落在水缸中的小孩，這就是因為他膽大心細，舉動活潑，所以有這種奇妙不可思議的功績。

像豐臣秀吉和司馬溫公，全是受著優良的先天的遺傳，心思非常玲琍，所以能隨機應變，建立奇妙不可思議的功勳；至於平常心思呆鈍的人，卻要時常修養心身，才能隨機應變；若能時常修養心身；那麼，到了危急的時候，必然也能隨機應變，想出妙計。

學習忍術的人，對於頭腦的訓練，必須十分注意；不論對人對物，全要養成豐富的觀察力；技術的訓練，忍術所用的器具，以及化裝術等，也全是很重要的事情。

心的訓練純熟之後，又當注意身的訓練；必須養成強健活潑的身體，方才能做忍術的事情。

有了鎮靜的機智，和活潑的身體，然後學習忍術；那麼，不論如何神秘的法術，全能學會。總而言之，心身的訓練既然成功之後，對於忍術的信念，又十分堅固；那麼，練習忍術，必能成功；或是懸身樑上，或是不觸柱而高升，忽然現身，忽然隱形；做出各種奇妙神秘的事情，全很容易。

從前日本的伊豫松山地方，有一個監獄，其中監禁著若干重罪的犯人。監禁重罪犯人的房室，除了一個鐵門之外，四面全是很堅固的牆壁；屋頂很高，屋頂上只有一個小天窗；這個天窗，不過能通光線和空氣而已。這個室內，並無人類可以逃出的道路。但是，有一天，被監禁在此室內的犯人，卻忽然逃去；於是監獄之中，大起紛亂。

看守監獄的官吏，到此室詳細調查，卻見牆壁完好，毫無逃出的痕跡；只是那個犯人，卻不知去向。

那個罪人，並不是怪物，也不是鬼神；他只是善於使用忍術，能逃出監獄而已。

到了後來，那個罪人又在外為非作惡，犯了強盜之罪，被官兵捉住，送入這個監獄之中。看守監獄的官吏，把他詳細審問；他供出來的言語，卻是奇想天開，不可思議的。

據那罪人供說：他所住的監房，雖然四面全是很厚的牆壁，只有一個窗戶；但是，壁中有柱，其柱比牆壁的平面突出四五分。他看見了牆中的柱，卻想出一種逃走的方法。

他把身體靠在柱和柱之間，面向牆壁，和蜘蛛爬在牆上一般；先伸開手足，使全身的形狀，成一個大的「文」字；把全身的氣力，聚集在左右手足四個拇指上；用四個拇指抵住突出的柱，使自己的身體，懸掛在牆壁上。

他在起初的時候，固然是屢次失敗，幾乎絕望；但是，他因為死刑將至，心中急迫，所以心思十分專一，日夜不停的努力練習，練到後來，他卻能用四個拇指，抵住突出的柱，使一百斤左右的身體，懸空而上，爬出天窗，逃走去了。

在不明白忍術的人，看了那種逃走的事情，固然以為奇怪不可思議；然而明白忍術的人，便可知道：這種事情，並不是不能做到的。忍術的表面，雖然非常希奇神秘；然而它的裏面，卻是有理由的。

壁虎能在牆壁上爬行，固然是壁虎的本能；但是，練習武術的人，練到技術純熟之後，卻也能有壁虎遊牆的本領。那個罪人的忍術，也和武術相仿；不過忍術高深的人，所做的事情，更加神奇，不是練習武術的人所能做到的。

精通忍術的人，除了壁虎遊牆之外，又有化成鼠和蝦蟆的本領。他們所以能有鼠和蝦蟆的技術，也不過是練習手足的功效而已。

在忍術中間，又有一種能使世人驚奇的鼠術；那種鼠術，又名瞞著術，不過是欺瞞別人眼目的技術而已。然而在知識程度幼稚的人們看來，便以為：人類化鼠，是很奇怪的事情。

總而言之，忍術不是魔術，並不難學；就是年幼的兒童也能學會。只要有堅忍的耐性，強固的信心，統一精神，養成敏捷的身體，便能做出神奇不可思議的事情。

古語云：「精神一到，何事不可為。」這種言語，確有至理。前邊所說的逃出監獄的罪人，因為精神一到，便能做出類似鬼神的事情。

【注釋】

①豐臣秀吉：秀吉本姓「木下」出身貧寒，少年時因身體瘦弱，被人取「猴」的稱號。他在二十歲時在織田信長的部下做一小卒，投身於兼併戰爭的洪流，結果就此發達，得到江山。

②司馬溫公：司馬光（一〇一九～一〇八六），北宋時期著名政治家、史學家，散文家。今山西運城安邑鎮人，字君實，號迂叟，世稱涑水先生。

七、兒童亦能學習之忍術秘訣遁形之術

忍術中間，有木遁之術，火遁之術，土遁之術，金遁之術，水遁之術等五遁之術；或是放火隱身，或是臨水脫險，或是利用泥土砂石、金屬器具、樹林草木等，遁藏形跡，這便是五遁的功效。

除此五遁之外，又有禽遁、獸遁、魚遁、蟲遁、日遁、月遁、雲遁、霧遁、雷遁、風遁等，利用各種的天然物，施行種種的遁術。

從前日本有名的忍術大家，仁木彈正、義賊石川五右衛門，全能利用老鼠，善於鼠遁；義賊兒雷也能利用蝦蟆，善於蝦蟆遁；真田都黨能利用霧，善於霧遁。

遁形之術，從表面看來，雖然似乎是奇妙不可思議的事情；然而它的實際，只是利用鼠和蝦蟆等天然物，眩惑他人的眼目，自己藉以隱藏身形而已。這種方法，決定不是不可思議的法術。

據古書上說：「某人走入深山，迷了道路，遇著一位白髮老人，教他忍術中間的一種天馬行空術。」

世人不明白此術的原理，便以為此術是一種神仙法術乃是仙人傳授的。其實這種忍術，並非不可思議的神仙法術，只要心靈膽大，便很容易的把它學會。

現在把五遁以下十八遁的秘術，說明於後，以便閱者諸君，藉以明白忍術的秘訣；諸君學會此術之後，只可在為國戰爭，防身自衛的時候，善用此術；倘若濫用此術，為非作惡；那麼，到了惡貫滿盈的時候，必然要法術破壞，受著惡報，喪身送命，後悔無及。切戒！切戒！

1. 木遁之術

利用樹林草木，藏身隱形的法術，名為木遁之術。或隱於樹林之間，或隱於大木之下，或是利用人家的房屋，或是利用屋中的器具；此等隱身遁形之術，全可名為木遁之術。

從前日本的賴朝，和敵兵大戰於石橋山，兵敗而逃，被敵所追，手握一鳩，隱身於道傍楠木的洞穴之中。敵人的大將梶原源太景季，領兵追到楠木附近，聽見洞中鳩鳴之聲，以為無人在內，又向前途追去。賴朝待到追兵去遠，然後出洞，從傍邊的小道逃出虎口。

這個賴朝，靠著機智和大膽，利用楠木和鳩，藏身隱形，脫離危險；便是很好的木遁之術，又是禽遁之術。

現今日本的軍人，穿著褐色的軍衣；這種軍衣的顏色，是在俄日戰爭的時候發明的；那時，日本的軍人，在中國的東三省，多是隱身於黃土枯草之間，以避敵人的眼目；因為軍衣的顏色，和黃土枯草相同；所以敵方的偵探，不容易看見；敵方的炮彈，不容易射中；到了結果，便戰勝了俄國；像這種方法，也可說是木遁之術。

日本古時的名將武尊，被蠻賊用火攻擊的時候，藏身於草中，使用巧妙的方法，反而把用火攻的賊軍燒殺，也是一種木遁之術的實例。

2.火遁之術

利用放火的事情，藉以藏身隱形，名為火遁之術。這種法術，很容易做；從古到今，多有能用這種法術的。

從前有一群強盜，欲入富室搶劫，先使一個強盜在鄰家放火；火起之後，一盜在鄰近大呼救火，群盜在富室門傍靜候；待到富室的家人，聽見火起，開門出來的時候，群盜乘勢一湧而入，達到搶劫的目的，這是一種火遁之術。

又在暗夜之中，被敵兵追趕的軍隊，往往一面放火燃燒柴草，遮住敵兵，一面從暗處逃去，這也是一種火遁之術。

在黑暗的夜間，被敵兵追趕的軍隊，倘若放火燃燒草料；那麼，敵兵的眼光，必然全要注視在有火之處；自己的軍隊，便能很從容的在傍邊暗處的小道上逃去。這種火遁之術很靈，所以從古到今，曾經有許多軍隊使用此法，以免被敵兵追著。

日本古時的忠臣楠正成，在赤坂城中，被足利尊氏的軍隊，包圍的時候，圍城的敵兵有二三重之多，派遣勇將衝出重圍，卻被敵兵擒住。楠正成在這種孤城被圍，萬分危急的時候，卻奇智百出，想著自己放火，燒赤坂城的妙計。赤坂城中，火勢沖天而起；尊氏的軍士，看見城中火起，以為楠正成勢窮力竭，無路逃生，只得放火，與城俱盡；所以歡聲大作，注視火光，毫不準備敵兵衝出。

楠正成乘著敵兵懈怠的時候，開城領兵猛衝，竟被衝出重圍，得著最後的勝利。像這種放火燒城，逃出重圍的法術，便是楠正成奇妙的火遁之術。

日本國中，善用火遁之術的名人，除了楠正成之外，又有《八犬傳》中犬山道節，和伊達梵天丸等，犬山道節曾經被敵兵捉住，監禁在一室之中，室外有許多兵士，嚴重看守著，毫無逃出的機會。

犬山道節在室中窮思極想，忽然想著身邊藏有一匣火柴；便取出來，在室中放火；待到火起之後，又連呼救火。看守的兵士，聽見火起，連忙開門進來救火。犬山道節乘他們忙亂著救火，不顧自己的時候，便乘機逃了出來。像這種放火逃走的方法，也是一種火遁之術。

3.土遁之術

利用灰砂泥土，以及土地的形勢，藉以藏身隱形，脫離危險，名為土遁之術。從古到今，戰爭的軍隊，往往要利用這種法術。

例如：揚起沙土，眩惑敵人的眼目，乘著敵人注視沙土的時候，卻從傍邊的道路逃去；或是藏身在低凹之地，或是隱形於山洞之中，避去敵人的視線，藉以脫離危險，全可說是土遁之術。

4.金遁之術

利用金屬器具，藉以藏身隱形，名為金遁之術。例如：強盜夜入人家，被人看見追逐的時候，忽然回身亂舞刀劍；別人看見刀光耀目，必然驚怕；強盜卻乘著這個機會，逃走去了；這種利用刀光的方法，便是一種金遁之術。

從前有一群強盜欲入一個村莊搶劫；因為那個村莊中的民團戒備很嚴，不容易攻入，所以強盜的首領，想出調虎離山之計，夜間使兩三個小嘍囉，到市梢的廟中敲鐘；許多強盜，卻埋伏在村傍等候。村中的民團，聽見鐘聲亂鳴，一齊趕到廟中察問。強盜卻乘機而起，襲入村人的住宅，大肆搶劫。待到民團回身來救的時候，強盜已經搶著了錢財逃去。

像這種利用鐘聲的方法，也是一種金遁之術。

從前日本有名的大惡黨，有娘吉三、和尚吉三、坊吉三等三人，結成團體，為非作惡，犯了許多罪案。官吏因為要捕捉他們，所以挨戶調查，嚴密巡邏。這三個惡黨，藏在鐘樓上，很是著急；卻被奸刁的娘吉三，想出敲救火鐘的方法。

巡查的官兵，聽見救火鐘亂鳴，疑是其處起火，連忙趕去查看；卻被三個惡黨，乘著眾人忙亂之際，逃走去了。像這種利用救火鐘的方法，也是很有趣味的金遁之術。

5. 水遁之術

利用河水，逃脫危險的法術，名為水遁之術。從前有名的人，能利用一杯清水，隱藏自己身體。在日本國中，善於水遁之術的名人，有石川五右衛門、神宮小太郎、河童又助、相馬大作等。

這種水遁之術，也決定不是很難的事情。前邊所說的，日吉丸投石於井，逃脫強盜之手，便是利用井水的一種水遁之術。

從前有一個男子，因為被敵人追逐，逃到河邊，不能再逃，他忽然想出奇妙的計策，手取石塊，投入河中，脫下鞋子，放在岸邊；他卻藏身在附近的草木之中，凹地之內。追來的敵人，聽了河中的水聲，看見岸邊的鞋子，以為那個男子，必然投入河中；所以只注意在水面上，卻不向草木中尋找。那個男子能利用這種機會，便脫離了危險。這種投石於河的方法，也和日吉丸投石於井相同，全可說是水遁之術。

日本的古書上，又曾經說：某人能口中噴霧，遮蔽敵人的眼目，藉以藏身隱形。

這種噴霧隱身的事情，從表面看來，雖然似乎神奇；其實知道了其中的秘密之後，卻也不見有何稀奇之處，閱書的諸君，倘若口中含水，突然向對面的人噴去；那麼，對面人的眼目，必然因此眩惑，一時不能看清事物。自己趁著別人不能看清己身的時候，便可逃脫。

所以口中噴霧，雖然是神奇的言語；然而口中噴水成霧，卻也是很容易做到的事情。

又有某人，被敵人追逐，逃走到水缸傍邊，忽然拾取大石塊，投入水缸，把水缸打破；追逐的人，聽見水缸破的聲音，又被缸中的水濺在身上，必然要吃驚退避。

被追的人，便能趁著這個機會，從傍逃脫。像此等噴水成霧、投石濺水的方法，全可說是水遁之術。

6. 人遁之術

利用別人的身體，隱藏己形的法術，名為人遁之術。

日本的由比正雪，曾經改變衣裝，混入敵人的散兵之中，探出敵方的軍情；這種方法，便是利用人遁之術。

從前日本的堀部安兵衛，曾經用燒紅的鐵條，燙毀自己的面容，改變衣裝，使別人不能認識；相馬大作，曾經用墨塗面，裝成樵夫的模樣；德川家康被敵兵追捕，逃入鄉村人家，潛身於桶內，藉以脫離危險。此等事情，全是人遁和木遁的實例。

7.禽遁之術

利用飛鳥，逃脫危險的法術，名為禽遁之術。

日本古時的源賴朝在石橋山戰敗之後，隱身於楠樹的洞穴之中，利用鳥鳴之聲，藉以避免追兵的捕捉，便是併用木遁和禽遁之術。

富士川之戰，源賴朝和平家的大軍對河列陣；源賴朝因為兵少難取勝利，便想出一個奇計，在半夜的時候，驚起許多水鳥，向平家軍營飛去；一時羽聲大振，卻似有許多軍隊，襲擊平家軍營一般；平家軍在半夜之間，聽見這種聲音，疑心敵兵已經過河衝來，便不戰而退。

這種方法，也是一種禽遁之術。

8.獸遁之術

利用野獸家畜等動物，藉以隱身隱形，名為獸遁之術。

日本古時的忍術，多是要使用這種獸遁之術。尤其是，伊賀派善於用鼠，甲賀派善於用貓。日本的仁木彈正、石川五右衛門，和猿飛佐助等，全是以獸遁之術著名的。

9.蟲遁之術

利用蛇和蝦蟆，藉以藏身隱形，名為蟲遁之術。

蛇和蝦蟆，形態醜惡，平常的人，猝然看見此物，必然要大吃一驚；利用此等動物的人，便可因此達到施術的目的。使用蟲遁的人，須要預先飼養蛇和蝦蟆等動物，以便臨時應用。

日本國中，善於使用蟲遁之術的，有兒雷也、誇垂保輔、大蛇丸等。鬼童丸和猿飛佐助，卻善於利用蜘蛛。

10. 魚遁之術

利用魚類，隱身遁形，名為魚遁之術。

中國在周朝的時候，吳國的專諸，假扮廚人，藏短劍在魚腹之內，獻魚到吳王遼身邊，拔出魚腹中的短劍，刺死吳王遼；這種方法，可說是一種魚遁之術。

11. 霧遁之術

從古到今，戰爭的軍隊，往往有利用大霧的法術；現今新式的戰爭，也常要利用天曉時的大霧，以避敵人的炮彈。此等戰術，可名為霧遁之術。

人在霧中，最容易藏身隱形；施行忍術的人，可以選取多霧的時日，以便達到施術的目的。日本古時的霧隱才藏，便是以善於使用霧遁之術著名。

12. 雲遁之術

雲遁之術，又名雲隱之術；利用天陰雲多的時候，併用別種遁術，藉以藏身隱形，名為雲遁之術。

日本的古書上，往往說：「某人能呼起濃雲，藉以隱身。」其實施術的人，不過是善於利用陰天多雲的時候，並用別種遁術，達到施術的目的而已。日本古時的黑雲太郎和禦嶽八郎等，全是以善於使用此術著名的。

13.風遁之術

在有風的時候，利用天然的風，藉以藏身隱形，名為風遁之術。利用大雨的，名為雨遁之術。

其餘又有利用日月星雷等法術；若能臨機應變；那麼，不論那一種天然物，全是可以利用的。日本古時的魔風來太郎，和村雲來太郎，全是以善於使用風遁之術著名的。

八、五遁之術與實習的方法

前邊已經把五遁之術，大概說明；現在再把實習遁術的方法，詳細講述；後邊所記的遁形之術，是不論何人，全能實行的。

在各種遁術之中，最便於使用的，是鼠遁之術。日本的仁木彈正，和石川五右衛門，全是以善於使用鼠遁之術著名的。據日本人傳說：「他們能化成老鼠，做出神奇的事情。」其實他們不過是善於利用老鼠而已，並不是真能把自己的身體變成老鼠。

現在舉一個賊人利用老鼠的實例如下：

使用鼠遁之術的人，須要預備兩個老鼠；在夜間偷入別人家中的時候，須要先放一個老鼠，到別人屋內；這個老鼠，被放到屋內之後，必然四面亂跑，做出響聲；睡在屋內的人，聽見響聲，起來察看，見是老鼠，便安心睡下。

施術的人，見屋內的人將要睡著，再放第二個鼠到屋內；兩個老鼠在屋內亂跑，響聲更大，又把睡在屋內的人驚起；屋內的看見老鼠之後，以為老鼠吵鬧，不足為奇，便到床上安心睡著。

施術的人，聽見屋內的人睡熟之後，便可撬開門戶，偷入屋中，打開箱篋，竊取財物；睡在床上的人，就是聽見些響聲，也以為仍舊是老鼠吵鬧，毫不在意，依然睡覺，卻不知自己的財物，已經被賊竊去；到了第二天早起，看見箱篋全開，財物失竊，還以為賊人變成老鼠來偷財物的；於是以訛傳訛，便有了人變老鼠的傳說。

其實，施行忍術的人，不過是善於使用老鼠而已，何嘗有人變老鼠的事情。

現今文明時代的人，對於古人傳說的奇怪的事情，只要用科學的方法，加以研究，便可得著它的真相；古人知識淺薄，聽見了奇怪的事情，便以為是鬼神的作用，發生了迷信之心；其實鼠遁之術何嘗有鬼神的作用，利用老鼠，也是人類能做到的事情；非但鼠遁之術如此，就是其餘的遁術，也全是利用天然物的法術而已。

能否達到目的，在於心思是否靈敏，方法是否巧妙；就是年幼的兒童，若有靈敏的心思，熟練的手法，也能習成五遁之術，做出驚人的奇事。

九、忍術為文明的護身法

在平常的時候，練成隨機應變的心思，習成敏捷巧妙的手法，對於各種遁形之術，全能應用之後，便可在出於意外遭遇敵人的時候，施行遁術，達到隱身的目的。

練習忍術，以忍耐為最重的事情；必須先有堅忍不拔的毅力，然後可以不畏艱難挫折，時常練習。毫不間斷，經過長久的時日，練成心靈手敏的忍術。練成了百發百中的忍術之後，便可不用手槍刀劍，也能戰勝強人，脫離危險；赤手空拳，也能防身自衛；所以忍術是文明的護身法，遠勝手槍刀劍等護身器具。

十、忍術所用之器具

欲施行忍術的人，須要先有細心、大膽、沉靜、機智等心的練習；和敏捷、活潑等身的練習。必須先有合宜的心身，然後能施忍術，不致失敗。

除了心身的各種條件之外，又當預備特別的器具。日本的忍術名家牛若丸，常備五種特別的器具；辨慶也有忍術所用的七種器具。從前會忍術的人，對於所用的器具，往往嚴守秘密，不肯輕易傳人。著書的人，曾經忍術大家，得著秘傳，現在記載於後，以供閱書諸君的研究。諸君知道忍術的器具之後，切不可濫用惡用，以免遇著危險。

下邊所記的忍術器具，和辨慶的七種器具不同，卻只有六種如下：

一、氈笠；二、繩子；三、石筆；四、稻草；五、三尺長的毛巾；六、火柴。這六種器具，雖然是很普通易得之物；但是，神而明之，在乎其人；若能巧於利用，便可做出神奇鬼怪的事情。

氈笠可以隱藏自己的顏面，非但是施行忍術的人，最當寶貴之物；並且現今日本的浪人，也往往利用氈笠，遮蔽自己的面貌。

在登高的時候，或是從高處降下的時候，或是跳過牆壁，或是從這個屋頂行到那個屋頂，全要利用繩子。從這個屋頂行到那個屋頂，所用的繩，須有要鐵鉤，以便鉤住屋頂。

古時的忍術大家，所以能跳過城牆，也是利用繩索；他們不過是靠著手法巧妙，並無別種奇妙不可思議的秘術；他們只是攀繩而上，緣繩而下，卻不能似鳥一般的飛。

現今的時代，也有若干偵探和強盜，能利用繩索；但是，利用繩索做惡事的人，必然難逃法網。

利用石筆，在牆上做符號，可以記好道路，不致迷途。從前有名的大盜，夜入房屋廣大的人家，必然要先在牆上畫好符號，以便出來時，看著符號行走，以免迷途的危險。

三尺長的毛巾，也是施行忍術的人所必需的。善於使用忍術的人，能把毛巾用水浸濕，按在牆上，藉以墊足，爬上牆壁。

火柴一匣，須要常帶在身邊，以便必須用火的時候，拿出來取火。

除了前邊所記的六種器具之外，還有各種特別應用的器具，現在列舉如左：

(1)攻擊敵人眼目之具

把辣椒的粉，和石灰拌勻，放在雞蛋殼中，時常帶在懷裏。遇著被敵攻擊，十分危險的時候，便可取出來，向敵人面上擲去，使敵人的眼睛不能張開，自己可以趁勢逃脫危險。

(2)大鐵釘

長八寸，釘頭結著繩索。平常的時候，須要帶著這樣的鐵釘四五個；把釘插在牆上，拉著繩子，便可爬上高牆。

(3)忍術之刀

忍術所用的刀，比普通的腰刀較短，大概刀身的長只有二尺。面較闊，不滑而粗糙；鞘的尖端，須要包著堅固的金屬；這種刀，在跳過牆壁的時候，可以代替拐杖，按在地上，支撐身體。刺殺敵人的刀鋒須要比平常的刀較厚；刀上不可刻著自己的名字，以免在緊急棄刀之後，被人察出蹤跡。

忍術所用的器具，不過是這幾種，最重要的事情，是臨機應變，膽大心細，善於利用器具，卻不專靠著器具。

十一、忍術中之化裝術

施行忍術的時候，除了使用必須的器具之外，在相同的時候，又當變化衣裝，使敵人不能認識。公安局的偵探等，在偵探刑事和犯人的時候，往往扮作車夫、小販等，以便探聽案情，捕捉犯人。

從前使用忍術的人，有種種的化裝術；他們對於化裝術，也是嚴守秘密，不肯輕易傳人，他們改扮的人物，雖然很多；但是，照著普通的情形，大概多是扮作下邊所舉的各種人物：

一、遊方僧；二、出家道士；三、樵夫；四、商人；五、醫卜星相等走江湖的人；六、做手藝的人。這幾種人，全能走到敵人的近邊，使敵人不起疑心。

日本有名的忍術大家赤穗義士，曾經扮作賣酒的人，偵探敵方的軍情；高田馬場，曾經燒毀自己的顏面，扮作賣雜貨的人，以報叔父之仇。其餘日本的忍術大家，像赤穗浪士、大高源吾、相馬大作、安兵衛等，全有喬裝改扮，藉以達到施術目的的事情。

十二、天馬行空之術

日本的書籍上，曾經記著一種天馬行空之術；這種天馬行空之術，從表面看來，也是一種奇妙不可思議的事情。據日本的《武勇傳》上說：宮木武藏、田宮坊太郎等，全會天馬行空之術，能跳上很高的樓，飛過很闊的河。

人們所以有這種本領，固然是全靠著刻苦練習的功夫。他們練習的方法，卻也和現今的一種器械體操相仿；他們練習跳高，卻似現時代的撐高跳。他們在平常的時候，刻苦練習跳高的技術；練到後來，便能憑空跳到比自己身長較高的位置。

他們的撐篙跳，是要利用竹竿或木棒的補助；練到純熟之後，便能縱跳達到一丈以上，橫跳有二三丈遠。功夫精深的人，能利用很細的竹竿木棒，跳得很高很遠。看了他們的跳躍如飛，固然覺著神奇；其實研究他們的練習方法，卻也不過是撐篙跳而已。

練習天馬行空術的人，有飛上和飛下兩種練習。欲練習飛上必須先練習飛下，其法如下：起初的時候，先在地下鋪著柔軟的稻草，或是細砂；然後自身走到高處，從高處跳下，落在稻草或細砂上，便不致跌傷；起初是從較高之處跳下，練習到後來，便可從很高之處跳下。

跳下的姿勢，不可使兩腿垂直；倘若兩腿垂直落下，便有折斷腿骨，或是震傷頭腦的危險。所以跳下的時候，也當採取和體操相同的跳躍運動的姿勢，使腳和膝稍微彎曲。

飛下之術，練習成功之後，便可練習飛上之術，其法如下：

在最初的時候，選取生長迅速的草木，例如大麻；取麻實播在地中，待到麻杆生長，便可每日在麻杆旁邊練習跳高；每次跳二三十分鐘，總要跳過麻杆的高度。麻杆逐漸生長，達到五尺以上；自己每日刻苦練習，到那個時候，必然也能跳五尺以上；從此以後，更加練習的功夫，毫不間斷，便能跳到更高的位置。

練習飛上的姿勢，也當和體操的跳高姿勢相同。徒手飛下和飛上之術，練到純熟之後，便可先用較粗的竹竿或木棒，練習撐篙跳；練到功夫高深之後，便能利用很細的竹竿或木條，跳得很高很遠了。

十三、步行如飛之術

施行忍術的人，又要練習步行迅速的技術。步行迅速，非但是施行忍術的人，不可少的技術；並且平常的人，在避難的時候，若能行走迅速，也可因此脫離危險；所以練習步行如飛的技術，也是很重要的事情。

普通的人，以為練習這種技術，是很難的事情；其實知道秘訣之後，依法練習，卻是不論何人，全能成功的。

日本在慶安年間，由井正雪曾經旅行東海道，途中步行如飛，路人見他行走得非常迅速，莫不嘖嘖稱奇。其實這種步行如飛的技術，也是不論何人，全能練習成功的。

日本旅行忍術的人，練習行走迅速的方法，可分兩種如下：

(1)練習足力

起初的時候，把重一兩的細鉛條兩根，用纏腿布分縛在兩腿上行走；待到行走的時候，覺著輕便之後，再加重鉛條的分兩，縛在腿上行走；逐漸加重，直到每根鉛條重一二斤，縛在腿上行走，仍舊不覺吃力；那麼，除去鉛條行走，便能非常迅速。

⑵練習步法

普通的人，在向前行走的時候，是順著兩腿，向前縱步。練習忍術的人，在向前行走的時候，是開股橫步。橫步的姿勢，是右足踏到前邊，從普通直立的姿勢，變成向前開股的姿勢。其次，左足橫著向前進，向右超過右足尖，使左足和右足共成十字形；其次，右足橫著前進，向左超過左足尖，使左右兩足也成十字形；照著這樣，左右兩足輪流前進，便是開股橫步的步法。用這種步法，行走三步的距離，可抵擋普通的步法五步；一日能走三十里的人，或用這種步法，便能一日走五十里。

先用拖鉛法，把足力練好之後，再把這種步法練到純熟，便能步行如飛，和奔馬齊驅了。

十四、步行無聲之術

施行忍術的人，既須有藏身隱形的方法，又當有步行無聲的技術；倘若只能藏身隱形，不能行走無聲；那麼，仍就要被人察覺，難達忍術的目的。

日本的伊賀派，有一種步行無聲的秘法；現在把它記在下邊，以供參考。

普通的人，在步行的時候，是兩足向著真正前面而運行。施行忍術的步法，卻不是這樣；先使身體橫向著進行的方向，然後和蟹行一般，運動兩足；所以這種步法，名為蟹行。又在直行的時候，把足放平，緩緩的踏到地上，使全足一齊到地，也可不致有聲。總而言之，不論用那一種步法，全要細心注意，以免行走有聲；倘若稍一粗心，被人聽見行走的聲音，便難達以藏身隱形的目的。

十五、秘密游泳之術

古時的軍事偵探，欲探聽城中敵人的軍情的時候，往往要秘密游過護城河，偷入敵城；欲秘密游泳，使敵人不能覺察，必須先練習秘密游泳的技術。

在普通的游泳法中，本有手泳和立泳等等；手泳是身體橫在水面用手拍水，藉以游泳；立泳是身體直立在水中，用足踏水。

用手拍水，聲音頗大，難免被敵人聽見；惟有使用立泳的方法，毫無聲音，可免被敵人知覺，所以施行忍術的人，若欲秘密游泳，必須先練成立泳的技術。練成立泳的技術，然後相機行事，渡河偵探軍情，便不致發生危險了。

十六、立刻隱身之術

從前日本的忍術名家，能在被人襲擊的時候，立刻隱身藏形，脫離危險；現今日本的戲劇和影戲中，也往往有這種表演；這種事情，雖然似乎神怪，其實卻也是不論何人全能練成的。

古時施行忍術的人，固然能靠著隱身之術，做出種種神奇之事。現今文明時代，若能利用立刻隱身的方法，也可避免重大的危險。或是行入深山，受著猛獸的襲擊，或是走到野外，遭遇盜賊的追逐；倘若在這個時候，使用立刻隱身的法術；那麼，一切危險困難，便全能避免了。

日本的忍術大家，有一種秘密傳授的藥方；若能依方配藥，隨時使用，便能立刻隱身，使別人不能看見自己。其方如下：生石灰八錢，「台烏巴厘」（テヴバリ）八錢，「悅巴應」（ヨーバイン）四錢，大

芥子四錢，混合均勻，做成粉末，裝入雞卵殼中，時常帶在懷中；遇著敵人攻擊追逐的時候，便可揉碎卵殼，騰起煙來；在濃煙朦朧之中，敵人必定不能看見自身，自己便可隱身藏形，乘機逃脫危險。

閱書諸君，倘若時常帶著這種裝藥的雞卵；那麼，在被盜賊追逐的時候，便可藏身在草木之中，打碎卵殼，放出濃煙，使敵人不能看見自身；然後乘機逃走，便容易脫離危險了。

從前日本的忍術大家，時常利用這種方法，避免敵人的攻擊。在人造的濃煙之中，隱藏自己的身形，雖然是奇妙的方法，卻也是很容易的事情。

十七、虛實轉換之術

忍術雖然非常奇妙，然而得著秘密的傳授之後，卻也並不難學；就法年幼的兒童，也能在實際方面應用。在忍術中間，有一種虛實轉換之是，從形式方面看來，雖然似乎此法不易學會；其實這種方法，卻是簡單易行之術。從前日本的軍官，和軍事偵探等，往往利用此法，臨機應變，藉以獲得非常偉大的功勳。

虛實轉換的方法，就是以實為虛，以虛為實，在一轉瞬時間，利用虛虛實實的巧妙方法，欺瞞敵人眼目的法術。

現今的魔術家，也往往用這種方法，例如：魔術家欲把小旗變成大旗，卻先用右手，把小旗搖動，做出種種奇觀，使觀客的眼光，全注射在小旗上；然後乘著機會左手從袖中取出大國旗，遮蔽小旗，然後把小旗藏去；因為魔術家以虛的小旗為實，奪去觀客的目光；所以在取出實的大國旗的時候，只要手法敏捷，便不致被觀客看破。

練習虛實轉換之術，功夫純熟之後，就是年幼的兒童，也能應用；

所以這種法術，也可作為穩妥的護身法。現在再舉出實例，說明虛實轉換術如下：

古時的人，因為預防暗殺，多有夜間把枕頭放入床上被中，假作人睡在被內的形狀；自己卻睡在別處，以避危險；這種方法，就是一種虛實轉換的法術。

從前日本的東海道，有彌次和喜多八二人，一同寄宿在旅館中；看見旅館裏的女傭，容貌頗美，便起了邪心；到了夜靜更深之後，彌次見喜多八已經睡熟，便悄悄的起身，偷入女傭的房中。又見床帳高懸，被中似乎有人睡著；便走到床前，解衣入被，彌次進入被中，摸著枕頭不見有人，已知上當；彌次正欲起身，那喜八郎已經揭被而入；原來二人邪心相同，做事只有先後之別。

在這個時候，喜八郎疑心彌次是女傭，彌次疑心喜八郎是捉賊的，二人在黑暗中互相啞聲拉扯的時候，女傭已經領著眾人走來，把他們二人捉住，依法處罰。像這個女傭所用的計策，便是虛實轉換之法。

日本的南朝忠臣楠正成，在千早城中，被足利尊氏領兵包圍的時候，因為自己兵少，所以紮草為人，夜間從城上垂下，使敵人不敢猛攻，以待救兵到來，解脫重圍。這種計策，也是虛實轉換之法。

古時有智謀的大將，往往在各處小路上，虛插旌旗，使敵人疑有埋伏，不敢行走該路，卻引敵兵到有埋伏的路上，把它戰敗。這種計策，也是虛實轉換之法。

其餘像孫臏減竈誘敵，藉以射死龐涓；韓信拔趙幟易漢幟，藉以戰勝趙兵等，全是虛實轉換之術。這種法術的實例，是非常之多的；在忍術之中，用處是非常之廣的；只要心思靈敏，應用得宜，不論大人兒童，全能成功。

中國的舊小說書上，曾經記著一個故事，那個故事是說：有一個小賊，欲拜老賊為師；老賊立在椅子上，對他說；「你若能把我騙下椅子來，我便收你作徒弟。」那個小賊，想了片刻，對老賊說：「從椅子上騙到地下來，我是沒有這種本領；倘若師父立在地下，我卻能把師父騙到椅子上去。」老賊聽了此言，便從椅子上下來，立在地下說：「也好，你就把我騙上椅子上去吧！」小賊說：「我已經把師父騙下椅子來了，何必再騙呢！」老賊聽了此言，方知已經中了小賊之計，便收小賊為徒。

這個小賊，是以騙下椅子的實事為虛，以騙上椅子的虛事為實；以實為虛，以虛為實，也是虛實轉換之法。

曹操年幼的時候，時常做頑劣的事情。曹操的叔父，每見曹操頑劣，便去告訴曹操的父親，使曹操受著責罰。曹操懷恨在心，想出一計，看見叔父走來，便假裝有病，睡在地上。曹操的叔父看見曹操如此，又去告訴曹操的父親。及至曹操的父親走來。卻見曹操好端端的立著，毫無病狀，問他是否有病，他卻說：「因為叔父不歡喜孩兒，所以常在父親前說孩兒的壞話；叔父說孩兒有病，其實孩兒何嘗有病呢！」從此以後，曹操的父親，便不信曹操叔父的言語，聽憑曹操胡鬧了。

曹操假裝有病，是以虛為實，曹操的父親以為曹操沒有做壞事，是以實為虛；因為曹操以虛為實，所以其父中計，便以實為虛了。曹操用那個計策的時候，年紀不過十歲左右；所以只要人有機智，就是年幼的兒童，也能實行虛實轉換之術。

十八、暗入人家之術

欲入素不相識的人家，有明入、暗入等法術，須要臨機應變，方能達到施行術的目的。

明入的方法很多，或是以尋訪朋友為由，敲開人家的大門；或是假送禮物，叫人家開門。現今時代的盜匪，往往預先探明某宅內有姓某的人，某宅的主人，有姓某的親友，然後使用訪朋友，送禮物等法，藉以騙開人家的大門，進內搶劫。

暗入人家的方法，也是不少；或是使用壁虎遊牆之術，或是使用緣繩而上的法術。此等技術，須要預先練習純熟，方才可以應用。

若用同伴三四人，欲越過圍牆，暗入人家，便很容易了。其法先使二人並排蹲著，又一人立在下邊二人的肩上，然後下邊二人立起來，上邊一人的手攀著牆頭，便可上去；牆頭上的人再用繩索把其餘的人引上去，眾人便全能越過牆壁，暗入人家了。

偵探利用此等方法，暗入盜匪的家中，固然是很好的事情；倘若惡用此法，為盜作賊；那麼，到了結果，必然難逃法網。

十九、逃避追兵之術

欲行忍術的人，又當學習逃避追兵述。欲逃避追兵，不致被敵人追著，除了練習行步如飛之術以外，又當善於使用虛實轉換之術，以及變換方向之法。

前邊所說的日本的日吉丸在逃避追兵的時候，把石塊投入井中，自己卻隱身在樹後，便是併用兩種法術；使敵人疑心自己投井，是以虛為實；自己從井旁走到樹後，便是變換方向。

二十、日本忍術名人鈴木菊若丸之奇事

日本忍術的甲賀派內，有齊名的四大天王；那四大天王是上杉謙

信、源義經、楠正成，和鈴木飛彈守。鈴木飛彈守之孫，便是鈴木菊若丸。鈴木菊若丸，生長到五六歲，已經心思靈敏，身體活潑，動作敏捷，勇力過人；更加受著祖父的訓練，早已成了非常英俊的武士。

菊若凡到了七歲，又到根來寺中，拜威震日本全國的雄僧小密茶為師。菊若丸在根來寺中，既不削髮修道，也不拜佛念經，只是從師習武而已。菊若丸到了十一歲，能用竹竿打樹上的鳥，應手而落，百發百中。他的師父，因為他肯用心練習，所以把自己的武藝，完全傳授給他。他又學習了四年，到了十五歲，已經武藝精通，所有根來寺內的和尚，共有四五百人，除了方丈小密茶之外，其餘和尚的拳術武技，全不及他。

根來寺的後面，就是深山，山中有很大的森林；據土人傳說：林中常有鬼怪出現，就是獵人樵夫，也不敢走入其中。

菊若凡聽了土人的言語，卻不相信；偏要走入森林，觀察其中的秘密。他想定了主意，便乘著機會，瞞著眾僧，自己私入森林。

他走了許久，卻見一根很大的楠樹，楠樹根旁有一個大洞，洞中有一個老者，盤膝而坐；只見那老者白髮垂肩，紅顏耀目，身穿樹葉之衣，手持鳥羽之扇，精神飽滿，相貌雄奇，一表非凡，大有神仙之概。

菊若丸見了老者暗暗稱奇，便向老者詢問林中的秘密。原來那老者號稱羽化仙人，有呼風喚雨的技術，神出鬼沒的才能；當時看見菊若凡的相貌，便知是有緣人到來；三言兩語，把菊若凡點化得五體投地，心悅誠服，便留在根來山中，又拜羽化仙人為師。

菊若丸住在根來山中，到了十五歲，除了學成十八般武藝之外，又學成根來派的忍術；他能黑夜視物，和貓犬的目光一般；行走迅速能及奔馬；跳躍如飛，伸手能取空中之鳥；所有各種遁法，以及種種奇妙的忍術，全被他學會。

羽化仙人見他本領已經學成，便喚他到面前，對他說：「徒弟呀！我因為見你根底很厚，與我有緣，所以收你為徒，教你各種法術；你須知學成此種法術，須要周遊天下，行俠仗義，濟困扶危，做出轟轟烈烈的事業，揚名於世界，流芳於百世，方才不負所學，得成正果。倘若靠著你的本領，為非作惡；那麼，惡貫滿盈之後，必有殺身之禍。你今且下山去行道，待到功德圓滿之日，本師自來接你回山，去吧！」菊若丸謹遵師命，拜辭下山。

菊若丸下山之後，周遊日本全國，除了許多惡霸強人，救了許多善男信女，做出許多驚人泣鬼的事業。所有日本的人，全知道菊若凡是根來派忍術的開山老祖，把他當作神仙一般看待。於是根來派忍術，便流傳於日本；菊若凡的大名，便永垂不朽了。

中卷　氣合術

一、氣合術之意義

從古以來，在日本特有的武士道中，有一種氣合術。現今的刑事巡查（即巡捕），在追捕犯人的時候，往往於無意之中，應用此術之一部。例如：在現行犯人逃走的時候，刑事巡查在後追捕，雖然犯人先走了十步路，但是巡查大喝一聲「站住」，犯人猝聞此言，便在不知不覺之間，停足不行，被巡查捉住了。

善於此術的劍客，在和敵人戰爭的時候，忽然大喝一聲「著」；敵人猝聞此言，一時心慌，措手不及，便被劍客殺敗了。

大凡在社會上做事的你，不論是那一種行業，全當利用氣合術，藉以操縱人心，鍛鍊膽力。

大而言之，在國家和國家的關係方面，若有操縱人心的奇術；那麼，只用外交的手段，也能使人不戰而降伏；小而言之，利用氣合術，便能使妻女心悅誠服，身修家齊；個人和朋友交際的時候，若有熟練的操縱人心之法；那麼，只要三言兩語，便能使別人心悅誠服，完全承認自己的主張；倘若不能用操縱人心之術，便容易招人之怨，不能實行自己的計畫。

總而言之，氣合術雖然是武士道的一種技術；然而在鍛鍊精神，立身處世，成功創業方面，卻有很大的利益。

二、氣合術之秘訣

1. 準備修養法

(1) 氣海丹田之修養法

氣海在肚臍之內，丹田在臍下一寸五分之處。氣海和丹田的修養法，是留心於下腹部，注力於其中的方法。患神經病和別種病的人，腹部必然收縮無力；受了驚嚇的人，下腹部必然縮小。腹部很小的人，便沒有使用氣合術的資格；所以在平常的時候，必須依著腹式呼吸法，修養下腹部，聚精會神，養成鎮靜的心意。

時常操練腹式呼吸法的人，必然精神飽滿，肉體強壯，氣力逐漸增加。勇氣和膽力，也是氣合術的基礎；常行腹式呼吸法的人，也能使勇氣和膽力增大。

(2)無我無欲之修養法

施行氣合術的人，必須心平氣和，成為無念無想的狀態。心思專一，意念不亂，只是用全力在氣合術上，才能戰勝敵人；倘若方寸大亂，意念紛歧，就是使用氣合術，也不能戰勝強敵。施術的人，若能平心靜氣，察出敵人的弱點，乘虛而入，便可在一轉瞬間，得著勝利。

日本的氣合術名家冰川清勝伯曾經說：「心如明鏡止水，方能練習劍術；在外交方面，亦當常存此心。妄想與邪念，實為良知之塵埃；良知為妄想邪念所蔽，則如明鏡蒙塵，不能照見事物之真相。我輩必須除去一切妄想邪念，使靈明之良知，如明鏡高懸，然後知彼知己，臨機應變，奇謀妙計，層出不窮，如影隨形，如響斯應，處事接人，必有百得而無一失矣。」

無我無欲，就是自己催眠的狀態。因為這個緣故，所以施行氣合術的人，必須先依著催眠術，修養自己的精神，使入無我之境，才能達到使用氣合術的目的。

(3)自信力之修養法

施術的人，在實行氣合術的時候，必須自己確定相信能打倒敵人，方才可以施術。若是不然，便要完全失敗，不能成功。

修養自信力的方法，在於修養精神。日本的冰川清勝伯曾經說：「遭逢危險的時候，倘若惟恐喪失生命，心中慌亂；那麼，就是自己的氣力勝過敵人，卻也難免死亡之憂。所以勝敗得失，和精神的作用，確有密切的關係。膽怯氣餒的人，必然頭熱心跳，措置失當，進退失度，既無還手之力，也無招架之功；到了結果，必然只有失敗，毫無成功的希望。」

非但戰爭如此，就是辦理一切事情，也當心細膽大，不可氣餒心慌。若能在平常的時候，修養精神，練成剛強的志氣；那麼，到了施術的時候，必能理直氣壯，勇往直前，得著最後的勝利了。

2. 氣合術之實習法

(1) 施術者之姿勢

施術的人，在施行氣合術的時候，一切姿勢和態度，須要能引起敵人的注意。施術人所穿的衣服，以及形容動作，須要特別長處，方才能使敵人看見了特別注意。

將要施行氣合術的時候，必須先把精神聚集在丹田（下腹）之內，巍然直立，有不可動搖的姿勢。姿勢惡劣，精神便要混亂；精神不能統一，氣合術便沒有成功的希望。

(2)氣合術之精義

氣合術的精義，是要避敵人之實，攻敵人之虛；能避敵人之實，便不致被敵人打倒；能攻敵人之虛，便可打倒敵人。這種避實擊虛之法，又名虛實洞察法。

3.誘起精神法

日本的福來博士，曾經發明誘起敵人精神弱點之法。在施行氣合術的時候，若能利用福來博士的方法，誘起敵人精神的弱點；那麼，敵人氣餒心虛，我便可以乘隙而入，戰勝敵人。其法如下：(1)、轉氣法；(2)、挫折法；(3)、誘念法；(4)、利用法；(5)、放任法。

(1)轉氣法

在敵人專心一意，向我逼迫的時候，其氣猛烈，勢不可當；我卻設法使其精神轉至他處，在片刻之間，乘虛而入，藉以制勝，名為轉氣法。例如：使用劍術的時候，我本欲攻擊敵人的左手，卻先假作攻擊敵人右手的姿勢；敵人用全力防禦右手，對於左手的防禦必然空虛；我便乘著這個機會，攻擊他的左手。這就是轉氣法。

(2)挫折法

敵人用強力前進，我卻把他引開，藉以挫其氣而乘其虛，名為挫折法。例如：使用柔術的人，見敵人舉拳打來，我卻引他的拳到旁邊；敵人撲了一個空，其氣必然大挫；我只要帶著敵人的手臂，向後一拉；敵人便隨著前衝之勢，自然跌倒。所以使敵人撲空，便是挫折敵人銳氣之法。

(3)誘念法

在敵人的精神，活動於某一點的時候，我卻從不和某點抵觸之外說起；逐漸說開，直說到我的目的之點；那麼，敵人的精神，便被我引誘到我的目的之點了。

這種方法，須要依著催眠術的暗示法，方才容易達到目的。

⑷利用法

先稱讚對方之人的長處，藉以迎合其自負心，而使之喜悅；然後說到自己的目的之點。

⑸放任法

不從正面制止對方之人的活動，卻使之自然停止，名為放任法。

4.大喝法

施行氣合術的人，往往要大喝一聲「噯」！這種大喝一聲法，有兩種功效：第一種功效，是自己全身的筋肉，必然因此縮緊，精神旺盛，勇氣倍加。第二種功效，是敵人猝然聽見大喝，往往氣餒心慌，因而失敗。

5. 呼吸法

呼是口中吐氣，吸是口中收氣。呼氣的時候，筋骨弛鬆；吸氣的時候，筋骨緊張。呼氣的時候無力，吸氣的時候有力。在和敵人戰鬥的時候，須要以我之實，攻敵之虛；以我之有力，攻敵之無力；我正在吸氣入下腹部，敵人正在吐出氣息的時候，必然我實敵虛；我趁此時攻敵，敵人必然應手而倒。所以，施行氣合術的人，在我吸敵呼的一轉嗳間，大喝一聲「嗳」！必能使敵人氣餒心慌，我卻因此得著勝利。

三、氣合術與武術之關係

日本的氣合術，本來是武士道中間的一種秘訣；在武士和敵人爭鬥的時候，必定要用著這種法術；用這種法術的武士道，要算在日本的德川時代，最為盛行。

日本的武士道名人伊藤一刀齋、宮木武藏、荒木右衛門等，全要使用氣合術。氣合術本來是心的作用；現於外觀的舉動，乃是使心的作用增大，又是依著心的作用而發生的結果。所以此術是心心相應，以心傳心之術。

氣合術和劍術、柔術、騎術、弓術、槍術、炮術等武藝，大不相同；乃是此等武術的根源，鍛鍊精神的方法。

四、氣合術與合氣術之區別

施行氣合術的時候，是以肉體之力為主，精神之力為從；它的動作，是在外部發動的。

合氣術卻是與此相反；以精神之力為主，肉體之力為從，藉以制勝敵人。所以合氣術比氣合術的程度，更進一層。

五、氣合術為文明之護身法

在現今文明的世界，練習氣合術，也可為防身自衛之用。國家的法律，雖然有保護我們生命財產的功效；然而在國家的保護不能及到之處，我們卻也有正當防衛之權；這種正當防衛權，卻也是法律給與我們的。我們依著法律所定的條件，施行正當防衛權，就是有殺人的事實，卻也不犯殺人之罪。又在某種情形之下，就是一個私人，也能有和檢察官相同的資格，拘捕現行犯罪的盜匪。

因為這個緣故，所以有若干人，帶著手槍，以備實行正當防衛之權。然而手槍頗有危險；在用手槍實行正當防衛權的時候，往往因為誤傷他人，致犯過失傷害之罪。

至於使用氣合術，卻是很安穩的事情。在實行正當防衛權的時候，須要使自己的心十分鎮靜，詳細觀察敵人的虛弱之點；看出敵人弱點之後，立即乘虛而入；便可奪去敵人的精神，打倒敵人的肉體。施行這種法術，卻無犯過失傷害罪之虞。把此術純熟之後，便可不帶寸鐵，而能戰勝強人；所以這種法術，是非常穩妥，十分便利的。

六、氣合術與財產之關係

俗語說：「人為財死，鳥為食亡。」可見世上的人，全要做黃金之夢，常想攫得無數的金錢。賺錢的方法，固然不少；但是，利用氣合術，卻也可以積產致富。

氣合術是避敵人精神之實，而攻其虛。所以辦事的人，若能利用此術，便可使別人心悅誠服，言聽計從，得著許多幫助，排除許多困難；多獲金錢，增高名譽，合可依著氣合術而得。

七、操縱人心之氣合術

在社會的交際方面，若能利用氣合術，便可操縱人心，操縱人心的方法，是鎮靜自己的心，觀察對方之人精神的弱點；觀察明白之後，便可避實攻虛，得著勝利。

例如：我和對方之人談判的時候，對方聚精會神，竭力反抗我的主張；我所說的話，完全無效。對於這種人的精神，操縱的方法可分兩種：第一種方法，是用威力壓迫敵人的反抗精神；第二種方法，是和緩或利用敵人的反抗精神，藉以獲得最後的勝利。第一種方法不是氣合術，第二種方法方才是氣合術。

八、養成膽力之氣合術

在練習氣合術的時候，鍛鍊臍下丹田，使精神達到不動之境，便能增加膽力；功夫精深之後，便有泰山崩於前而色不變，怒濤襲於後而氣不衰的膽力。不論如何膽小的人，只要依著氣合術的方法，時常練習，總能成為膽大心細的人物。

九、氣合術與柔術之關係

氣合術也可說是柔術中間的一種奇術。在柔術中間，雖然有投業、固業、立業、捨身業、締業、柳業、關節業等種種技術；然而它的總訣是「柔能制剛」；若能完全理會得「攻敵之虛」的秘訣，便可達到「柔能制剛」的目的；所以學會了氣合術，再練成柔術，便可無敵於天下。

十、氣合術與相撲術之關係

練習相撲術的人，若欲每鬥必勝，須要學習氣合術。據日本的《相撲實鑒》上說：「應思本來無一物。虛心以待敵，敵實，故以虛心知敵。」書上所說的「知敵」，乃是知道敵人之強弱，以及得手不得手之處。書上又教人「不動心」，不動心就是聚精會神，專心一意。學會氣合術之後，便能聚精會神，專心一意，容易察知敵人之強弱虛實。

相撲術又有七種秘訣如下：

(1) 強弱虛實之辨

體強者未必勝，弱者未必負。體質雖有強弱虛實，然必以臨時變化而定。習得妙術，必能臨時使敵弱我強，敵虛我實。

(2) 剛柔之辨

體力雖強，其氣或柔；力藏於內者，形弱而心強。所以欲知敵人是否剛柔，必須觀察其精氣；不可僅以形體為別，敵人力強，則柔其氣；敵人形強，則弱其心；若能做到這種事情，便可戰勝剛強之敵。

(3) 有無之辨

心思專一者有力，心思散亂者無力；有力者勝，無力者敗。若能使自己心思專一，便可有力守身；使敵人心思散亂，便可乘虛而入。「運用之妙，在於一心」；相撲術雖然靠著氣力，然而氣力之有無，卻在於心思是否專一。

(4) 隱現之辨

勁氣內蘊，力雖小而不竭，剛形外露，力雖大而易衰。力不竭則可持久，力易衰則後必失敗。所以學習相撲術的人，必須隱藏其氣力，以待敵人之衰。轉弱為強，轉敗為勝，全在於此。

(5)過不及之辨

用力過度者，必先強而後弱；用氣過度者，必先猛而後衰。所以習相撲術的人，在起初撲敵的時候，須要留有餘的氣力，不可猛撲過度。若能留有餘的氣力，以待敵人之衰，而乘其虛，便可得最後的勝利。

(6)長短之辨

心靜則氣長，心亂則氣短；氣長者勝，氣短者敗。習相撲術的人，必須鎮靜其心，善養其氣。若膽大心細而有長久的氣力；那麼，敵人雖強，最後的勝利必歸於我，倘若在戰鬥的時候，先存危懼之心；那麼，心慌氣短，雖然身強力壯，也要失敗。

(7)斷續之辨

心思專一，則氣力可以連續；心思散亂，則氣力必有間斷；氣力連續者勝，氣力間斷者敗。習相撲術的人，在練習氣力之前，必須先練其心；練到精神統一，不為外物所搖動之後，便可無堅不摧，無剛不克了。

前邊所記的七種秘訣，雖然是屬於相撲術；然而把氣合術練習純熟之後，便能把那七種秘訣完全做到。所以氣合術精深的人，再習相撲術，是很容易成功的。

十一、氣合術之應用

氣合術的用處，除了武術之外，也可應用在各種方面。現在把幾種重要的應用，記在下邊，以供參考。

一、學會氣合術之後，便能聚精會神，畫出奇妙的圖畫；所以氣合術可以應用在圖畫方面。

二、學會氣合術之後，便能聚精會神，寫出高明的字；所以氣合術可以應用在習字方面。

三、學會氣合術之後，便能清心寡慾，養成強健的方法；所以氣合術可以應用在健康法方面。

四、學會氣合術之後，便能使心思凝聚，精神統一；所以氣合術可以應用在精神修養法方面。

五、學會氣合術的人，便能精強氣壯，卻病延年；所以氣合術可以應用在長生術方面。

六、學會氣合術的人，能使身體強壯，氣力增加；所以氣合術可以應用在力量增加法方面。

七、學會氣合術的人，容易利用自己催眠法，使身體毫不感覺疼痛；所以氣合術可以應用在不覺疼痛法方面。

八、學會氣合術的人，容易利用自己催眠法，使身體不覺火熱；所以氣合術可以應用在燃火冷感法方面。

九、學會氣合術的人，能利用大喝聲法，使別人止步；所以氣合術可以應用在停止步行法方面。

十、學會氣合術的人，容易利用自己催眠法，能在自己口中點火；所以氣合術可以應用在口中點火法方面。

十一、學會氣合術的人，容易利用自己催眠法，能把燒紅的熱鐵，放在自己的皮膚上；所以氣合術可以應用在皮觸熱鐵法方面。

十二、學會氣合術的人，容易利用自己催眠法，使身體安如泰山，不被別人推倒；所以氣合術可以應用在不動如山法方面。

十三、學會氣合術的人，容易利用自己催眠法，能用兩手使鐵棒彎曲；所以氣合術可以應用在鐵棒屈曲法方面。

十四、其餘各種有勝有負之事，全可應用氣合術，獲得勝利。

下卷　人心觀破術

一、女心觀破術之秘訣

1. 吝嗇及慷慨之相

顴骨很高，身體矮小的女人，必然品行不良，非常吝嗇。顴骨不高，肉多體肥的女人，必定品行佳良，十分慷慨。

2. 觀眼而知善惡之法

眼是一心的日月，不論男女，心意之善惡，全要從眼現出；所以觀察人心的人，必須注意觀眼。觀察女人之眼的方法，大概如下：

一、眼睛不細不大，眼梢稍微垂下；心意必定良善，當為貴人之妻。

二、兩眼左小右大，性剛多才，必奪夫權。左大右小者，性情懦弱，必定懼夫。

三、女人的白眼，現出淺黃色者吉，青色者肝氣旺，容易憤怒；做事多誤，難免墮落。白眼現青色，再加顴骨很高，便是貧賤短命之相。

3.觀鼻而知善惡之法

一、女人鼻子太大，必定膽大心粗，做事難免失敗；子孫斷絕，孤獨終身。

二、女人鼻小而低，雖然易得人愛；但是，終身貧困，非幫夫之相。

三、女人鼻下有橫筋，必然獨身；有豎筋者有理義，能養子女。鼻頭尖者心剛烈；鼻頭有肉而圓者，性情溫柔而和平。

四、老而鼻下無溝之婦，必無子女，老年運氣不佳；溝深者有福之相，溝向右曲者子宮偏於右，溝向左曲者子宮偏於左；溝向左或右曲者，難育子女。鼻下之溝正直者，子孫滿堂，老年有福，吉人之相。

4. 觀口而知善惡之法

一、口常堅閉之女，心不和平，難得人愛，笑口常開者吉；笑而口噴泡沫者心意剛強，多為不義之事；笑而有哭相者，必為貧賤之女。

二、笑而齒根顯露之女，與親族無緣，終身不能發達；見人未語先笑者，雖然性情和平，有福氣；然其品行，則多不貞，笑而口向上者吉，向下者老運不佳。

三、貞女賢婦，齒多整齊，不妄言笑，舉動文雅。

四、額廣者少年運佳，鼻有肉者中年運佳，口闊頤小者老運亨通。

5.貞節及有福之相

步行而腰直不曲，面無高骨，體厚肌豐，眼耳口鼻眉端正，額頰頤合宜，眼睛細長之女，必為賢婦，福德俱全，性情和平，不與人爭；雖在困苦之時，亦無怨言。喜怒不形於色之女，必貞節而有幸運，又能助夫。

6.不義好淫之相

眼中常似含水，耳前下方生黑子，眼梢皮膚現櫻花之色，眼梢有黑子，發中有黑子，耳內現出赤色，未語先笑；此等相貌，全是沒有義氣，性喜淫蕩之相。

7.薄命之相

顏面狹長，面皮極薄，頰骨太低，面肉鬆而柔軟之女；背脊太高，股肉太少之女；面有細橫筋，貫通鼻上之女；此等女子，全是到了老年，必定貧困的。

8.居心險惡之相

常用白眼觀人之女，頤骨高聳之女，耳下有頰骨突出之女，白眼色青之女，眼有浮光之女，橫目觀人之女，喉骨高如男子之女，步行而背彎曲之女，與人談話，時用齒咬下唇之女；此等女子，必定居心險惡。

不論他的美醜如何，只有有了此等相貌之一，便可斷定她是險惡的女子。

9.做事多誤之相

面色如櫻，頰色佳而皮薄之女；鼻如無肉而很高之女；體肉太柔之女，眼睛太大之女，聲如男子之女，發多而長之女，毛髮極薄之女，白眼色青之女；此等女子，全是做事多誤的人；只要有了此等相貌之一，便要誤了終身。

10.察知女子心事之法

凡人心事，全要在眼中現出，平常善良的人，若發生了惡意，眼中便混濁不清的狀態。對人說話，沒有誠意的時候，必然眼光向上，或是橫目視人。心有隱事要瞞人的時候，必定不用眼烏珠者看人，只是橫著面顏向人，在對人說話的時候，或是眼烏珠向下，或是時時閉眼，其言必多虛偽，不可相信。

11.愛情之徵兆

愛我的女子，在和我說話的時候，必然正面相對，正眼相視；女子眼中含有水氣，或是皮肉緊張，皮膚現出油光，全是色情發動的現象。眼邊的皮膚，現出櫻花之色，也是色情發動之兆。眼中現出美麗之光輝，心內定有戀愛之情意。

12.厭惡之徵兆

女子和我說話的時候，倘若眼光向下，齒咬嘴唇，或是發音比平常有力；此等狀態，全是厭惡我的現象。

又在平常的時候，堅閉其口的女子，性情必不和平，容易厭惡別人；這種女子，以敬而遠之為妙。

二、男心觀破術之秘訣

1.多義有信之相

眼睛清秀，眉毛整齊而向下之人；兩眉之間現出櫻花之色，眼下無骨之處，肉緊而無黑子及筋，五管端正之人。這兩種人，全是有信義的。兼有這兩種相貌的人，必能濟困扶危，終身安樂。

2.富有財產之相

眉梢多肉，鼻頭有肉，骨不高而圓，鼻小而厚之人；口大而肉緊之人；發音有力，聲有餘韻之人；耳色豔麗而多肉，頰肉厚而緊，體瘦而清，聲不高大而餘音其長之人；此等之人，全是福相；只要有此等相貌之一，便是多福，而為人上之人；兼有二相，必定富有財產。

步重如山，足輕似貓，凡在步行之時，體重而足輕之人，全有福氣，財產豐富。身重足輕，步行如鶴，乃是富貴之相。

3. 貧賤窮苦之相

鼻小而肉薄，股肉太少之瘦人；毛髮精而不清之人；顏色暗黑似煤，口鬆而常開，眼大而露凶光，步行而頭先向前，聲浮而無力之人；頰骨太低，眼下少肉之人。

此等之人，全是貧賤之相；只要有此等相貌之一，便不免貧乏，兼有二相之人，必定終身貧窮勞苦。

4. 成功立業之相

五官端正，聲音有力，步行如鶴之人；口邊肉緊，喜怒不形於色之人；兩眉中間能縐紋，面皮甚厚之人。

此等之人，全是有福多才之相；只有具有此等相貌之一，便能成功立業，兼有二相，必能功名勝人。

5. 容易失敗之相

兩眉中間有黑子的人，做事往往失敗；步行散亂，言語輕浮，心粗氣躁之人，必定不能做成大事；眼圓而大之人，雖有大言壯語，心中卻無良策。其餘和別人說話的時候，眼光向上之人，兩頤向前突出，而與人言語之人，眼露凶光之人，兩頰左上右下之人，全是不能成功之相。

只要有此等相貌之一，便做事十有八九是要失敗的。

有了這種相貌，想要預防失敗，必須學成專門的學術，做專門的人才，然後可以成功立業。

6.品行不良之相

眼下肉多而厚的，眼梢垂下的人，眼梢而眉細長的；有上邊的相貌之一，必貪女色。頤肉薄的人必然不能安住故鄉，往往要遷居異國。兩耳招風，而頤縮入的人，相貌最惡，必定傾家蕩產。股肉薄的人，下唇較上唇伸出的人。

有上邊的相貌之一，必然要居住異國，離開眼梢下一分，顴骨上面有青色的，眼梢附近現青黑色的，必然要旅行到別處。此處的肉時時跳動，必然要墮落。

千年來秘書
秘術之公開

忍術秘話

殷師竹譯

第一圖　忍術家之裝束

忍術家能時時改換裝束，能在很少的時間，改成四五種人的形狀。

如圖中所示，忍術家的身上，有男女各種人的頭巾和衣裳，隨時化裝，所以能現出幾種人的形狀。

（一）相術之秘密

（日本《皇家雜誌》King記者問
大澤休象答）

【問】先生對於忍術，是有很精深的研究，但不知研究此術，須要從什麼事情開始？

【答】鄙人從二十三歲起，直到現在，研究忍術，已經有二十四年了。

鄙人在二十四年前，乃是研究文學的青年；那時，曾經遇著一位異人，有乘雲駕霧的神通，使鬼縮地的法術，能在一夜之間，從日本的伊豆大島，行千里的路程，而登富士山。鄙人因為看見這位異人神通廣大，所以拜他為師，從他學習這種忍術。

忍術雖然是很有興味的法術，然而很難得著真傳，日本的忍術大家，除了遇著適宜的人，方才肯傳授秘訣之外，對於其餘的人，是絕對的嚴守秘密的；倘若不遇適宜的學者，便要燒棄秘傳的書籍，寧可使這種法術失傳，決不肯濫傳於世；所以學習忍術的人，搜集這種材料，是很不容易的。

善於忍術的秘密書籍，現在尚未失傳；不過必須適宜的學者，方才得遇真傳而已。

【問】關於忍術的秘密書籍，是否在日本的伊賀地方？

【答】大概江州的甲賀郡，比伊賀較多。

【問】從前日本的忍術名家，現在還有子孫存在嗎？

【答】有；但是，他們很嚴守秘密，不肯說出自己是會忍術的人。就是有知道的人，向他們訪問，他們也是說祖先沒有傳授，他們是不會忍術的。

因為這個緣故，所以鄙人蒐集這種秘本，曾經用過非常的苦心。

（二）忍術之起源

【問】先生研究忍術的經過，現在已經明白了；但是，這種忍術，是從何時發生的呢？

【答】忍術的開始時期，卻是不能知道的。人類初知有火，用它戰爭或狩獵；或是攀登樹頂，或是隱藏於穴，從概念的方面說來，也是忍術的一種。

然而忍術的發達，卻在日本的鎌倉時代以後，各處地方，有許多武士豪傑，蜂起雲湧，互相戰爭，於是忍術便從此發達了。

【問】那時有著名的忍術大家嗎？

【答】鎌倉時代，關於義經的歷史，卻有很有興味的故事。那時，戰爭的事情很多。會忍術的人，往往假裝商人或是樵夫，私入敵營，探聽軍情。

義經部下有四天王；其中一人，便是伊勢的三郎義盛；這位三郎義盛，實是精通忍術的勇士。

他生於伊勢，放浪而至伊賀，寄居伯父家中，學會忍術。他在義經部下，曾經建立奇功。現在伊賀地方，還有伊勢三郎的墳墓。

（三）伊賀派與甲賀派

【問】日本的忍術，有伊賀派和甲賀派；究竟此兩派之名，是從何時起的。

【答】日本的元龜大正（日本的年號）稍前的時候，伊賀和甲賀地方，共有忍術家十一人。他們有時住在伊賀，有時住在甲賀。因為地勢的關係，所以有伊賀和甲賀兩派。又在伊賀和甲賀兩處地方，十一人更分成十一派。

【問】照著古書上說：「戶澤山城守是甲賀派的始祖，百地三太夫是伊賀派的始祖。」這種言語，是否真確？

【答】百地三太夫確是住在伊賀的；但是，戶澤山城守或者就是山中山城守。山中山城守有國俊的名稱，曾經統帥甲賀五十三家的人。他在起初的時候，曾經在佐佐木承禎（義賢）的部下；其次，在織田信長的部下；信長在本能寺被弒之後，他又改入秀吉的部下，從事於書畫。他的書畫全很巧妙，被世人視為重寶。

【問】照著這樣說來，百地三春夫和山中山城守出世的時代，是不相同的了？

【答】是的。

（四）袁飛佐助與霧隱才藏

【問】據古書上說：「猿飛佐助曾經從戶澤白雲齋學習忍術」；究竟世人果然有猿飛佐助那樣的人嗎？

【答】在日本的正史上，是完全沒有記載的。或者是一位有輕身法的忍術家，把猿飛佐助四字，作為他的別名綽號；正史上記載他的正名，只有稗史上記載別名綽號，忍術家要研究種種的步法，跳法，走法。精通走法的人，能平心靜氣，很從容的一日走一百餘里。在走法中間，又有浮足、犬走、狐走等，種種的名稱。

【問】狐走是什麼走法呢？

【答】狐走有電光的意味。忍術家須要在平常的時候，練習各種基本走法；待到練熟走法之後，再練習跳法；跳法練到純熟之後，便能從此樹跳到彼樹，和猿猴一樣的敏捷。猿飛的綽號，大概是從此發生的。

【問】霧隱才藏是何等樣人物呢？

【答】大約真田部下的霧隱鹿右衛門，就是霧隱才藏。隱身於霧，乃是忍術中的一種法術；從前的忍術家，利用大霧，隱藏其身的事情，卻是很多的。

（五）五遁之術

【問】書上有五遁之術的故事，究竟五遁是什麼法術呢？

【答】五遁是從木火水金土五行所發生的遁術。五行和五遁，是中國人的言辭；日本的忍術書上，是沒有此等名稱的。然而在忍術中間，和五遁相當的法術，卻是有的。

例如：賴朝戰敗於石橋山，隱於樹穴而脫身，便是很好的木遁之術。甲賀派的狸隱，便是攀登樹木，敏捷如狸的法術。其餘像隱於茅茨之垣，藏於木桶之側，藉以避免被敵人擒獲，全可說木遁之術。若欲善用此術，而免失敗，必須加以詳細的研究。

【問】火遁是什麼法術呢？

【答】從前日本的大捕公，被包圍在赤坂城的時候，曾經放火燒城，藉以逃脫；這種事情，便可說是火遁。利用火藥，也是一種火遁。大捕公差遣精通忍術的勇士，埋藏火藥焚燒赤坂城，使圍城二重的敵兵，因此潰散，乃是歷史上的事實；這種史實，卻也是忍術史之一。

尤其是，後醍醐天皇行幸笠置的時候，曾經收用住在伊賀島的忍術家，任為衛士。那時，這一隊衛士，保護御駕，很有功勞。後醍醐天皇曾經賜給他們帳幕寶刀，淡墨的聖旨。此等帳幕和裝聖旨的箱，現在仍舊有人保存著。

【問】此等衛士的子孫，現今仍舊存留在日本嗎？

【答】他們的子孫，現存在伊賀地方。島居強右衛門，便是精通水遁的忍術大家。長條城被武田包圍的時候，島居強右衛門曾經求援軍於岡崎地方的家康。

長條城前有一條大川。敵人豎立竹排在那條河川中；竹排上結繩，繩上繫鈴；若有人夜間從城中出來，偷渡該河，碰著竹排，鈴聲一響，敵兵便知警戒，不讓他逃出。所以城中的人，想要偷過該河，逃出敵兵重圍，卻為很不容易的事情。

強右衛門預先取許多的草，夜間從該河的上流放下。又把鍋底穿洞，洞中插入打通竹節的竹管；把這個鍋戴在頭上，當作帽子，自己潛身在河川之中，只有竹管露出在水空一寸光景；因為水中流下的草很多，所以不至使敵人看見水面上的竹管，他卻可靠著竹管呼吸空氣。

他在入水之前，又取蝦蟆的油，塗布全身的九竅，口含槲樹的葉，以免受著濁水中的毒氣。他使用此等方法，便能偷渡過了該河，逃出敵兵的重圍，求得救兵。

強右衛門游水的器具，有撥水具和浮水履，這兩種器具，全是用皮做成的。使用這兩種器具，便能在很大的河川中，自由游泳。

（六）仁木彈正

【問】現今日本的戲園，往往演唱仁木彈正的戲劇；究竟所演仁木彈正的事情，是真的嗎？

【答】戲劇所演仁木彈正的事情，並不能說是沒有的。忍術家確能利用光和音，使敵人睡眠；有時還要利用藥物，使敵人不能睜開眼睛。取蛙卵燒灰存性，在上風頭撒布該灰；該灰飛到敵人的面上，便能使敵人眼目昏花，不能見物。就是睡在地上的敵人，被此灰吹在面上，也要目眩，不能起立觀物。

【問】使敵人目眩，也是一種遁術嗎？

【答】在仁木彈正的戲劇中，也曾表演；仁木彈正先放出一個老鼠，奪去敵人的注意；然後又急忙利用火藥，發出濃煙，和非常的聲音，使敵人驚駭，自己卻藉此隱身藏形。

【問】忍術家如何使用火藥？

【答】忍術家的使用火藥，方法最為巧妙。這種火藥，在一般人未曾知道的時候，忍術家已經有秘密的研究；使用這種火藥，也有種種不同的方法。他們把火藥放在竹筒中，用火點著，投在敵人的身前。火藥燒著之後，竹筒破裂，敵人必然驚駭。在敵人驚魂未定的時候，自己便可乘機逃遁。

（七）鼠小僧與石川五右衛門

【問】利用聲音，是什麼事情呢？

【答】欲明利用聲音的事情，須要知道從前日本的忍術大家鼠小僧的故事。鼠小僧曾經夜間私入別人家中，盜取寶刀。他在別人家中，曾經把櫛齒刮出和老鼠咬物一般的聲音，藉以掩蔽自己行走的響聲。並且他又能把櫛齒刮出特別的聲音，使別人陷入催眠狀態。

【問】盜物的忍術，是有種種的研究嗎？

【答】善於盜物的忍術家，除了鼠小僧之外，又有石川五右衛門，石川五右衛門曾經拜百地三太夫為師，學習忍術。他學會了忍術之後，便有暗殺太閤殿下的事情。

秀吉是秀賴之弟，秀賴亡後，秀吉奪取秀賴的天下；秀賴之子秀次不服，起兵征討秀吉。那時，石川五右衛門便在秀次的麾下。石川五右衛門曾經穿著特別的草履，行地無聲，暗入敵人營中，私探軍情，使敵人不能知覺。

這種草履，乃是用桐樹的薄板製成的；長一尺二寸，闊八寸五分，裡面襯綿，外邊用布包著；所以踏在地上，毫無聲音。

【問】石川五右衛門穿著那種草履，暗入敵營，便能總不被敵人發覺了嗎？

【答】石川五右衛門也曾有一次失於檢點，草履破了，被敵人聽見聲音，群起追捕。但是，石川五右衛門在被敵人追捕的時候，從懷中取出竹菱和鐵菱，撒在地上；此等竹菱和鐵菱，乃是用竹和鐵造成菱角的形狀。追兵踏著此等菱角，足部受傷，或是突然倒地，或是因痛不追。石川五右衛門便能從容逃脫了。

（八）忍術之裝束

【問】戲臺上所表演的忍術家，多是身穿黑衣，頭戴面具。究竟古時的忍術家，是那樣的裝束嗎？

【答】戲臺上表演的忍術裝束，卻和實際忍術家的裝束不同。大概忍術家的裝束，有陽忍和陰忍兩種：古時日本的忍術大家河內山宗俊，曾經用名為陽忍的化裝法，冒著東睿山寬永寺一品親生御使僧道海之名，暗入出雲守之邸。陽忍的化裝術，因此在忍術各派中，很有聲名。

【問】用此等法術，能堂堂皇皇的化裝成別人的形狀嗎？

【答】是的！欲改成別人的形狀，卻要費盡化裝的苦心；因為這種事情，是很不容易的。在化裝的時候，須要先用種種的顏料，把臉面塗成適宜的顏色；又須預備各種適宜的衣裝。

【問】改扮商人，或是別種職員，是否名為陽忍之術？

【答】是的！化裝成此等人員，可以在光天化日下，堂堂皇皇的行動，所以名為陽忍之術。

至於陰忍之術，卻是隱身的法術。用陰忍之術化裝之後，就是自己的親兄弟，見了他的形容，也不能認識；因為敵人不能知道，方才可以暗入敵人的營壘或家宅，不致被敵人擒獲。

陰忍的化裝術雖然很多；但是，夜間的化裝術，卻可大概說明。那種化裝術，是穿著表面柿色，裏面鼠色的衣服。這種衣服，可以反穿，以便隨時變換衣服的顏色。夜間穿著鼠色的衣服，卻比黑色更容易隱形。因為夜間觀察鼠色，卻比黑色更難看清；所以忍術家夜間穿著鼠色的衣服，藉以隱身藏形。頭上戴著頭巾，頭巾卻連綴著鐵板，可以折疊。利用這種頭巾，也可把男人改成女形，把一人化成幾個人的形狀

（欲明忍術的裝束，須要參觀第一圖）。

身上所穿的衣服，須要同時穿著幾套，在這幾套中間，也有男人的衣服，也有女人的衣服，也有文人的衣服，也有武士的衣服，以便隨時改成必要的裝束；此等衣服，全是表面柿著，裏面鼠色。在被敵人追逐，自己逃走的時候，可以在頃刻之間，把衣服脫下一套，披在小樹或是石上，自己卻藏身在附近之處，敵人追到近邊，觀察小樹或石上衣服的時候，自己便可乘機把敵人刺死，或是藉此逃向他方。

（九）忍術之器具

【問】施行忍術的時候，須要用什麼器具嗎？

【答】忍術家常用的器具，共有六種：一是編笠，二是三尺長的手帕，三是鉤繩，四是石筆，五是藥，六是兵糧丸。

編笠可以遮掩面，三尺長的手帕可以包住兩頰，又有其他各種用處。石筆可以在自己走過的地方，書寫暗號，藉以和自己的羽黨通信。和自己的羽黨通信的方法，若在夜間，又可把石燐或是螢石粉，塗擦在木或石上，藉著燐光或螢光，暗通消息。鉤繩也有各種製法，鉤大二三寸，繩用細痲或是靭絲製成，此繩須要非常堅牢，能懸掛二三百斤的重物，不致有斷絕之憂。此繩的長，須要有二丈九尺；把它捲起來，能成一個小團；引著一端，卻能完全解放。

【問】為什麼繩長必須二丈九尺？

【答】依著各大忍術家的經驗，知道：越牆，登樹，以及二人牽繩，絆倒敵人的時候，所用的繩總以長二丈九尺為宜。

【問】兵糧丸是什麼東西？

【答】兵糧丸是忍術家帶在身邊，隨時食用的乾糧。這種兵糧丸，是分量極少、滋養極多的食物。各忍術家的兵糧丸，雖然有各種不同的製法；但是，大概常用的，卻只有三四種：

⑴**第一種忍術兵糧丸**——取乾鮑二兩，大麥十兩，乾鯉三十兩，糯米五十兩，茯苓十兩，麵餅三十兩；把上邊所記的各物，磨成細粉，做成五分重的丸；每日早晨和晚間，各食丸一粒。

⑵**第二種忍術兵糧丸**——取冬天曬乾的麵餅三十兩，乾鰻三十兩，蕎麥粉五兩，乾鰹三十兩，梅肉三十兩，松子仁（用酒蒸過）三十兩；把上邊所記的食物，做成粉末，調合梅肉和松子仁，製成五分重的丸，每日服用二三丸；連服十日，雖然不吃別種食物，也不覺著疲勞。

⑶**精進兵糧丸**——取蕎麥粉三合，松子仁（用酒蒸過）五十兩，冬天曬乾的麵餅粉一合，梅肉十兩，人參一兩，甘草一兩；把上邊所記的食物，做成細粉，製成丸藥，每日二回，每回用一丸，卻能增加氣力，

第二圖　是忍術家的武器之圖形

使精神奮發。

⑷**義經辟穀丸**——取人參用酒蒸過，焙乾研粉，做成重三分的丸，外用蕎麥粉為衣；每日日出的時候，服用此丸七粒；服用此丸的時候，可用清潔的冷水過下。從前義經服用此丸，登山越川，旅行七十五日，並不食用別種食物，非但不覺著饑餓，並且精神氣力，勝過平常的時候。

忍術家所用的武器，也有各種特別的形狀，在暗入敵人家中的時候，腰邊帶著「隱劍」，懷中藏著「秘刀」；又有削門和柱，以及刺敵人心臟的兵刃。

（十）使用地雷及蝦蟆之術

【問】照著日本的古書說，忍術能造地雷，並有能使用蝦蟆和老鼠；此等事情是真確的嗎？

【答】有的！忍術家點著火藥，發出濃煙，或是非常的聲音，使敵人注意在煙上，自己便可乘機把敵人打倒；這種火藥，便是忍術家的地雷。忍術家在暗入敵人家中，或是和敵人戰爭的時候，往往放出身邊所帶的蝦蟆（即蛙之一種，亦可用蛙）或是老鼠，使敵人注意在蝦蟆或老鼠身上；自己藉以隱身藏形，或是乘機打倒敵人。

【問】古書上說：「古時忍術大家鼠小僧，最善用鼠。」是真的嗎？

【答】鼠小僧能做出老鼠叫的聲音，或是嚙物的聲音；他在暗入敵人家中的時候，往往做出此等聲音，藉以窺探敵人是否睡著，並且藉此遮掩自己行動的音響。古時的忍術家，能為犬吠或貓叫的聲音的人，卻也很多。

【問】古書上還有忍術家使用蛇的故事，也是確實的嗎？

【答】忍術家往往用蛇消滅燈火。蛇是非常歡喜火光的動物，忍術家把蛇放在竹筒裏，帶在身邊；用的時候，把他放出來，便可使他撲滅燈火。

第三圖

甲是大澤氏夜行裝束。甲冑鎧等全可折疊，使用很是便利。

（十一）使敵人睡眠之藥

【問】忍術家夜間暗入敵人的室中，想要盜取機密文書，卻見敵人坐守著不睡；究竟有什麼方法，盜得這種文書？

【答】倘若有多餘的時間，固然可以靜候敵人睡著；若無多餘的時候，想要趁早盜得機密文書；那麼，須要使用種適宜之方法；或是假裝敵人家族的聲音，把敵人喚到室外去；或是利用催眠藥，使敵人睡著。精通忍術的人，能在頃刻之間，學會別人的聲音；又能在相同的時候，發出幾個人的聲音。

【問】使敵人睡眠的藥，如何製法？

【答】預先取袋蜘蛛和桑蟲，陰乾之後，研成細粉，混和均勻，收藏在瓶中，塞緊瓶口，不使透出氣味，帶在身邊，便可臨時使用。

用的時候，把該藥粉放在細竹管中，從窗外吹入室內。敵人吸著該粉，便容易睡著。

【問】倘若奸邪的人，學會忍術，豈不是很容易傷害正人了嗎？

【答】古人云：「邪不勝正」；萬事如此，忍術亦然。學會忍術的人，倘若靠著忍術，傷害正人，或是竊盜銀錢，或是貪色採花；那麼，到了惡貫滿盈之後，必然要忍術不靈，露了破綻，被人擒獲，受著極刑。

從前日本的織田信長，征討今川義元的時候，今川義元曾經差遣戶部新左衛門，暗入織田信長的軍營，想要傷害織田信長；但是，戶部新左衛門的忍術露出破綻，終於被織田信長捉住，身遭殺戮。其餘想用忍術，傷害名君賢相，而被擒獲殺死的人，確是很多的。

（十二）忍術之印

【問】據書上說：「施行忍術的人，又有結印的事情。」究竟這種言語，是確實的嗎？

【答】書符念咒，用手指結成寶印，乃是印度佛教的法術。忍術家雖然不用書符念咒的方法，卻也有用手指結成寶篋之印的法術。總而言之，施行忍術的人，須要有無念無想的誠意，超生越死的情神。用手指結成寶篋之印，便容易無念無想做出奇妙不可思議的事情。

從前日本的護良親王，被敵兵圍困在奈良般若寺裏的時候，他看見寺中有兩個藏著佛經的櫃。護良親王取出一個櫃中的佛經，自己藏身於其內，又取佛經放在外邊，遮住自己的身體。敵兵入寺搜查的時候，該親王在櫃中結著手印，置死生於度外，進入無念無想的境界。敵兵

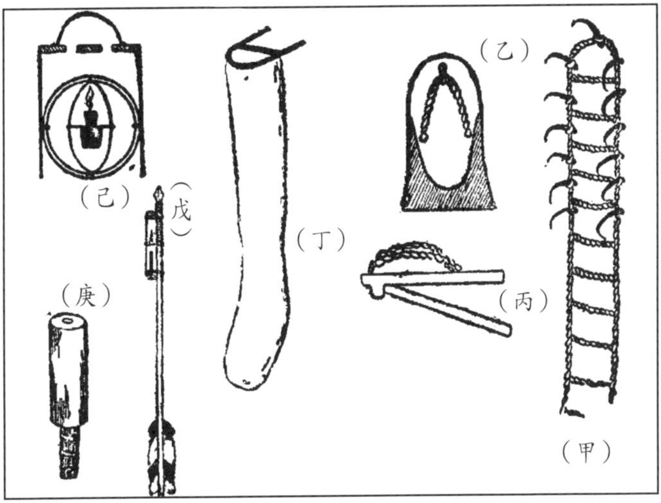

第四圖

甲是登牆的鉤繩，乙是渡水時所用的撥水具正面之圖，丙是撥水具側面之圖，丁是掘壁受泥之袋，戊是附著火藥的箭，己是別人不見火光的燈，庚是裝入火藥的竹筒。

雖然搜查得非常利害；但是，總沒有把該親王搜查出來。該親王靠著一念至誠，終於脫離了非常的危險。像這種穩身的法術，忍術家叫作「觀音隱」。

【問】觀音隱的方法，是怎樣的呢？

【答】施行觀音隱的時候，須要平心靜氣，毫無聲息，手結寶篋之印，進入無念無想之境界。寢時，俯身而睡，存著一切皆空的觀念，抱著超生脫死的誠意。照著這樣；那麼，在解開後印，覺醒的時候，便能感覺非常銳敏，容易觀察敵人的動靜。

（十三）忍術之修養

【問】照著這樣看來，練習忍術是很不容易的呢？

【答】是的！忍字是刃下之心。練習忍術的人，必須使自己的心，堅銳快利，和刀刃一般；若不如此，便沒有成功的希望。在練習忍術的時候，須要研究基本的學問，藉以修養心身。所有歷史、地理，各種職業、遊藝，以及相人之術等，全須詳加研究，藉以養成銳敏的感覺。

從前日本伊賀派的的忍術家，夜間暗入敵人的寢室，想要刺殺敵人。那時，敵人睡在床上帳中；有一個蚊蟲，叮在敵人的身上；敵人睡醒起身，蚊蟲飛起。那個忍術家，躲在暗處，聽見蚊蟲飛動的聲音，便知敵人已經起身，連忙逃走，沒有被敵人捉住。像這樣考察到蚊蟲飛動的細微聲音，可見忍術家的感覺，是怎樣銳敏的了。

【問】忍術家修養身體的方法，是怎樣的呢？

【答】忍術家的修養肉體，以操練筋骨為主；必須時常勞其筋骨，養成能耐非常勞苦的身體，方才可以做忍術的事情。其次，應當養成夜間不眠，暗中見物的功夫。到了後來，又當養成絕食忍饑，而能勞動的本領。

【問】修養自己的心身，已經是很難的人。除此之外，還有別種應當修養的技術嗎？

【答】忍術家除了修養自己的心身之外，又當修養考察敵人的技術。例如：在觀察敵人的軍情，或是盜取秘密文書之前，必須先調查敵人的城池，或是家宅的要害；其次，調查敵軍主將的性情，是否有嗜好酒色等習慣；其次，又當調查敵軍主將的家族、友人，以及親信人的性情習慣，以便隨機利用。

【問】忍術家對於調查敵人的事情，應當用什麼方法，才能得著充分的預備知識呢？

【答】在調查敵人軍情的時候，或是利用金錢，買通敵將的部下，盜取敵人的城池家宅之圖；或是捉得敵軍的偵探、哨兵，將計就計，問出敵將的性情習慣。必須先知敵人城池家宅的形勢要害，方才可以暗入敵軍；必須先知敵將的性情習慣，方才可以暗殺敵將；若不預先養成充分的準備知識，便難免臨時發生危險，非但不能成功，並且有被擒遭戮的失敗。像此等修養自己的心身，考察敵人的利弊，確是忍術家最重要的事情。

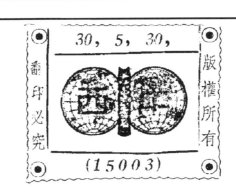

劍客扑術 五遁隱身術及丹田術

實價國幣　元　角
外埠酌加郵費匯費

編纂者　忍術研究會
編譯者　蘇省殷師竹
校閱者　江南繡虎生
出版者　上海武俠社
上海山東路中市
總發行所　中西書局總店
※各省中西書店均有分銷※

國家圖書館出版品預行編目資料

忍術及氣合術／忍術研究會　編撰
——初版——臺北市，大展，2017[民106.11]
面；21公分——（老拳譜新編；33）
ISBN 978-986-346-186-9（平裝）
1.武術 2.日本
528.97　　106016143

忍術及氣合術

編撰者／忍術研究會
責任編輯／王　躍　平
發行人／蔡　森　明
出版者／大展出版社有限公司
社　址／台北市北投區（石牌）致遠一路2段12巷1號
電　話／(02) 28236031・28236033・28233123
傳　真／(02) 28272069
郵政劃撥／01669551
網　址／www.dah-jaan.com.tw
E-mail／service@dah-jaan.com.tw
登記證／局版臺業字第2171號
承印者／傳興印刷有限公司
裝　訂／眾友企業公司
排版者／千兵企業有限公司
授權者／山西科學技術出版社
初版1刷／2017年（民106）11月

定　價／220元

大展好書　好書大展
品嘗好書　冠群可期

大展好書 好書大展
品嘗好書 冠群可期